ハヤカワ文庫NF
〈NF415〉

ずる

嘘とごまかしの行動経済学

ダン・アリエリー
櫻井祐子訳

早川書房

7431

THE (HONEST) TRUTH ABOUT DISHONESTY
How We Lie to Everyone—Especially Ourselves

by

Dan Ariely

Translated by
Yuko Sakurai
Published 2014 in Japan by
HAYAKAWA PUBLISHING, INC.
This book is published in Japan by
arrangement with
LEVINE GREENBERG LITERARY AGENCY, INC.
through THE ENGLISH AGENCY (JAPAN) LTD.

研究を愉快で刺激的なものにしてくれる師、研究仲間、学生たちに
そして長年の間にわたしたちの実験に協力してくれたすべての人に――
あなたたちこそがこの研究の立役者だ。力を貸してくれたことに心から感謝している

目次

序　章　なぜ不正はこんなにおもしろいのか……9
第一章　シンプルな合理的犯罪モデル（SMORC）を検証する……20
第二章　つじつま合わせ仮説……42
第二B章　ゴルフ……71
第三章　自分の動機で目が曇る……83
第四章　なぜ疲れているとしくじるのか……117
第五章　なぜにせものを身につけるとごまかしをしたくなるのか……139
第六章　自分自身を欺く……169

第七章　創造性と不正――わたしたちはみな物語を語る……195
第八章　感染症としての不正行為――不正菌に感染するしくみ……228
第九章　協働して行なう不正行為――なぜ一人よりみんなの方がずるをしやすいのか……258
第一〇章　半・楽観的なエンディング――人はそれほどごまかしをしない！……281
謝辞　303
共同研究者　306
訳者あとがき　317
参考文献と関連文献　327
原注　329

ずる

嘘とごまかしの行動経済学

序章　なぜ不正はこんなにおもしろいのか

相手が正直者かどうか、それを知る方法が一つある――そいつに直接聞いてみりゃいい。

「そうだ」と答えたら、そいつは悪党だ。

――グルーチョ・マルクス

わたしが初めて不正行為への興味を呼び覚まされたのは二〇〇二年、エンロン崩壊からまだ数カ月しかたっていないころのことだった。その週わたしは技術関連の会議に出ていたのだが、ある晩酒の席でジョン・ペリー・バーロウと近づきになった。ジョンが伝説のロックバンド、グレイトフル・デッドの作詞家だということは知っていたが、世間話をするうちに、彼がいくつかの企業のコンサルタントも務めていたことがわかった。その一つが、エンロンだった。

　二〇〇一年に注意を払っていなかった人のために言っておくと、ウォール街の寵児の転落は、だいたいこんなふうにして起きた。エンロンは一連の粉飾会計操作をとおして――またコンサルティング会社や格付け会社、自社の取締役会、いまはなき会計事務所アーサー・アンダーセンなどの黙認にも助けられて――金融界の高みにのぼりつめたが、悪事を隠しきれなくなって瓦解した。株主は元手を失い、退職金基金は消失し、数千人の従業員が職を失い、そしてエンロンは破綻した。

　わたしがジョンと話していてとくに興味をもったのは、彼が自分の見たいことしか目に入らない、いわば希望的盲目の状態にあったことだ。ジョンはエンロンが急速にコントロールを失いつつあったその間、ずっとコンサルタントを務めていたのに、社内で邪悪なことが起きていたとはまったく気づかなかったと言うのだ。それどころか、スキャンダルが見出しを賑わせるようになるまで、エンロンがニューエコノミーの革新的なリーダーだという世間一般の見方を、頭から信じ続けていた。またそれ以上に驚いたことに、いったん事実が明らかになると、どうしてそれまで兆候を見落としていたのか、自分でも信じられなかったという。これを聞いてわたしは考えこんでしまった。ジョンと話すまで、エンロンの大惨事は、要するに経営の中枢にいた三人のよこしまな中心人物が引き起こしたものだと、てっきり思っていた。ＣＯＯ（最高執行責任者）ジェフリー・スキリングとＣＥＯ

（最高経営責任者）ケネス・レイ、それにCFO（最高財務責任者）アンドリュー・ファストウの三人が、大がかりな不正会計を計画し、実行に移したのだと。ところが目の前に座っている、わたしが好きで一目置いているこの男は、自分とエンロンとの関わりについて彼なりの言い分をもっていて、あれは意図的な不正ではなく、希望的盲目だったと言うのだ。

もちろん、ジョンを始めエンロンの関係者全員が、心底腐敗していたということも、可能性としてはある。しかしわたしはこう考えるようになった。ひょっとすると、ここでは違う種類の不正が行なわれていたのかもしれない。それは希望的盲目に近いもので、ジョンやあなたやわたしのような、ふつうの人たちが行なうような不正だ。となると疑問がわいてきた。不正は、少数の腐ったリンゴの不始末よりも根が深い問題なのだろうか？　またこういった希望的盲目は、ほかの企業でも見られるのだろうか？＊　それに、もしエンロンのコンサルタントを務めていたのがわたしや友人たちだったら、やはりジョンと同じようにふるまっただろうか？

わたしは不正行為と不正というテーマに心をひかれた。不正はどこからやって来るのだろう？　正直なこと、不正なことをする能力は、人間にどれくらい備わっているのだろ

＊その後企業の不祥事の氾濫が続いたことが、この疑問にとても明快な答えを出した。

う？　そして何よりも、不正は主に少数の腐ったリンゴだけが引き起こす問題なのだろうか、それともより広く蔓延する問題なのだろうか？　そしてわたしは気がついた。この最後の疑問が解明されたら、不正に対処すべき方法ががらりと変わるはずだ。もし世のなかの不正行為の大部分が、少数の悪人のしわざなら、問題を解決するのは簡単だ。たとえば人事部がずるをしそうな人を採用プロセスではじいたり、のちに不正直だとわかった社員を首にできるような手続きを整えたりすればいい。だがもし問題が少数の外れ者に限った話ではないなら、あなたやわたしを含むだれもが、仕事や家庭で不正なことをしかねないことになる。もしいくらかでも罪を犯す可能性がだれにでもあるのなら、まず不正が起きるしくみを理解し、それから人間性のこのような側面をうまく抑えこみ、コントロールする方法を考え出すことが、何より重要だ。

不正が起きるしくみについては、これまでどんなことがわかっているだろう？　合理的経済学では、シカゴ大学の経済学者でノーベル賞受賞者のゲーリー・ベッカーが提唱した概念が、不正行為についての支配的な考え方となっている。人は自分の置かれたそれぞれの状況を合理的に分析し、それをもとに犯罪を行なうかどうかをきめるというものだ。この仮説が誕生したいきさつは、ティム・ハーフォードが著書『人は意外に合理的』のなかで説明しているように、*結構平凡だった。ある日会合に遅れそうになったベッカーは、合法的な駐車場が見あたらなかったので、チケットを切られるリスクを冒して、違法駐車をすることにきめた。ベッカーは、この状況で自分の思考がどんなふうにはたらいたかをじっくり考えた。そして自分がこの決定を、想定される費用（つかまり、罰金を科され、たぶんレッカー移動されること）と、会合に間に合うことの便益とを比較検討するだけで下したことに気がついた。また費用と便益とを天秤にかける際、善悪の判断が入りこむ余地はなく、単に起こり得る好ましい結果と好ましくない結果を比較しただけだったことにも目をとめたという。

かくして「シンプルな合理的犯罪モデル」（Simple Model of Rational Crime　略してSMORC）が誕生したというわけだ。このモデルによれば、わたしたちはみなベッカーがやったような方法で考え、行動する。だれもがその辺にいる路上強盗のように、自分の利益だけを考えて世のなかをわたっていく。その手段として銀行強盗を選ぶか、本の執筆を選ぶかは、費用便益分析の合理的計算では問題とされない。ベッカーの理屈によれば、金に困っているときコンビニの前を車で通ったら、レジにいくら入っているかすばやくあたりをつけ、つかまる確率をはじき出し、つかまった場合にどんな罰が待ち受けているかを

＊各章で用いたすべての論文と関連文献の詳細を、巻末の「参考文献」にのせたので参照してほしい。

（もちろん、模範的な行動をとれば刑期が短くなることも含めて）想像する。そしてこの費用便益計算をもとに、強盗に入るか入らないかをきめるというのだ。ベッカーの仮説をひと言で言えば、正直でいるかどうかの決定は、ほかのほとんどの決定と同じように、費用便益分析をもとに下されるということになる。

ＳＭＯＲＣは、不正の単純明快なモデルだが、問題は、はたしてそれが現実世界での人の行動を正しく表わしているかどうかだ。もしモデルが正しいとすれば、社会が不正に対抗する手段として、明らかに次の二つが考えられる。一つめは、悪事をした人がつかまる確率を高めること（警察官を増員したり監視カメラを増設するなど）。二つめは、つかまった際の処罰を強化することだ（厳しい実刑判決や罰金を科すなど）。諸君よ、これがＳＭＯＲＣであり、ＳＭＯＲＣが法の執行や処罰、不正全般にとってもつ、明らかな意味なのだ。

しかし、もしＳＭＯＲＣのごく単純な不正観が、現実を正しく反映していないか、不完全にしか反映していないとしたらどうなる？　その場合、一般にとられている不正対策は、非効率で不十分ということになる。ＳＭＯＲＣが、不正が起きるしくみのモデルとして不完全なら、まず人を不正に向かわせる本当の力を明らかにし、この正しい理解をもとに不正を減らしていく必要がある。それをしようというのが、この本のねらいだ*。

SMORCの世界で暮らすとは

正直と不正にどんな力が影響をおよぼしているかを考える前に、ちょっとした思考実験をしてもらいたい。もしだれもがSMORCに厳密にしたがい、費用と便益だけを考えて行動したら、いったいどんな毎日になるだろう？

もしわたしたちが純然たるSMORCの世界に住んでいるなら、あらゆる決定について費用便益分析を行ない、最も合理的に思われることをするはずだ。感情や信頼をもとに決定を下すことがないから、たぶん職場を一分離れるときも、財布を引き出しにしまいこむだろう。お金はマットレスの下にたくしこむか、隠し金庫に入れてしっかりカギをかける。休暇で家を留守にするときも、ものを盗られるといけないから、お隣さんに郵便物のとりこみを頼むのはやめておく。いつもタカのような目で同僚に目を光らせる。合意の意味で握手することには、何の意味もなくなる。どんな取引にも法的契約が必要になり、そのせいで法的闘争や訴訟に時間をとられるようになる。子どもをもつことさえ、二の足を踏む。子どもが大きくなったら、身ぐるみはがされるかもしれないからだ。同じ屋根の下に住まわせれば、そのチャンスをたっぷり与えることになる。

＊この本では不正というテーマについて考えるほか、基本的に合理性と不合理性について書いている。また不正はそれ自体魅惑的で、人間の営みにおいて重要ではあるが、興味深く複雑な人間性をつくる一つの要素でしかないことも、心にとめておいてほしい。

もちろん、世のなか聖人君子ばかりでないのはすぐわかる。わたしたちは完全な存在とはほど遠い。だがもしSMORCの世界が、人間の考え方や行動を正しく映し出していないとすれば、わたしたちが、完全に合理的で私利だけを考えて行動する人ほどには、不正や盗みをはたらかないことが、この思考実験からわかるだろう。

美術愛好家に告ぐ

アイラ・グラスがホストを務めるラジオ番組「ジス・アメリカン・ライフ」(1)は二〇一一年四月に、ワシントンDCにある「舞台芸術のためのジョン・F・ケネディ・センター」ではたらいていた、ダン・ワイスという若い大学生の話をとりあげた。彼はセンターのギフトショップで在庫管理の仕事をしていた。ギフトショップでは三〇〇人ほどの善意のボランティアからなる販売部隊が、来館者に商品を販売していた。ボランティアの大半が、演劇と音楽を愛好する退職者だった。

ギフトショップは屋台方式で運営されていた。レジはなく、現金箱があるだけで、ボランティアはそこに受けとった現金を入れ、そこからお釣りを支払った。ショップはとても繁盛していて、商品の売上は年間四〇万ドルにものぼったが、大きな問題が一つあった。その金額のうち、毎年一五万ドルが行方不明になっていたのだ。

ダンは責任者に昇進すると、さっそく泥棒探しに乗り出した。そのうちに、売上を銀行に預けに行く若い従業員がどうも怪しい気がしてきた。そこでアメリカ国立公園局（NPS）の捜査課と連絡をとって、捜査員と一緒におとり捜査を行なうことにした。二月のある晩のこと、二人は罠をしかけた。ダンは印をつけたお札《さつ》を現金箱に入れて、何食わぬ顔で職場を出た。それから探偵と近くの植えこみに身をひそめ、容疑者が来るのをいまかいまかと待ちかまえた。疑いをかけられたスタッフがようやく仕事を終えて出てくると、二人はえいやっと飛びかかり、彼のポケットに印のついたお札を何枚か見つけた。これで一件落着だと、そう思うだろう？

はたしてそうではなかった。若い従業員がその夜盗んだのは六〇ドルだけで、彼がお払い箱になったあとも、お金と商品はなくなり続けた。ダンが次にとった手段は、価格表と販売記録をもとにした在庫管理のしくみを設けることだった。彼は退職者たちに、販売した商品と受けとった金額を書きとめるよう指示した。するとそう、ご明察のとおり、盗みはパタリとやんだのだ。犯人は一人の泥棒ではなく、大勢の美術を愛好する年配の気のいいボランティアだった。彼らが手近にあった売りものや小銭を勝手にくすねていたのだ。

この物語の教訓は、なんとも気の滅入るものだ。ダンはこう言っている。「ぼくたちはことあるごとにお互いから盗もうとする……多くの人は監視の目がなければ正しいことができない」

この本の一番の目的は、不正行為を駆り立てると考えられているが、（これから見ていくように）実はそうではないことが多い、合理的な費用便益の力と、重要でないと思われがちだが、実は重要なことの多い、不合理な力について調べることにある。説明しよう。大金がなくなると、わたしたちはたいてい一人の冷血な犯人のしわざだと考える。だが美術愛好家の物語が教えてくれるように、不正行為が起きるのは、一人の人が費用便益分析をして大金を盗むからとは限らない。むしろ多くの人が、現金や商品をちょっとだけくすねることを、心のなかでくり返し正当化する結果として起きることの方が多いのだ。この本では、わたしたちをこうしたずるに駆り立てる力について考えるとともに、正直さを保つためには何が必要かを、さらにくわしく調べていく。また何がきっかけで不正が醜い頭をもたげるのか、わたしたちが自分の利益のためにずるをしながら、自分に対する肯定的な見方をどうやって保つのかを説明する。わたしたちの行動のこの側面が、不正のほとんどを成り立たせているのだ。

こうして不正を支える人間の基本的な傾向を掘り下げたら、続いて実験をとおして、日々の生活で正直な行動を促したり抑えたりする、心理的、環境的な力を明らかにする。たとえば利益相反、偽造品、誓約、創造性、単なる疲れなどだ。また不正の社会的側面についても考える。善悪の認識が他人によってどのように影響されるか、自分の不正で他人が利益を得るとき、不正の量がどう変わるかといったことだ。最終的に、不正がどのようなしくみで起きるのか、日常的な生活環境のあり方にどのような影響を受けるのか、そしてどのような状況が不正を促し、抑えるのかを明らかにできればと思っている。

行動経済学の手法の実際的なメリットの一つは、不正に影響をおよぼす力をただ調べるだけで終わらずに、わたしたちの行動が、自分の内面や環境にどういう影響を受けているのかを示してくれることだ。わたしたちの行動を駆り立てる本当の力は何なのか、それをもっとはっきり理解できれば、わたしたちが人間的な愚かさ（不正直を含む）の前にお手上げではないことがわかる。環境にはたらきかけること、またそれをとおしてよりよい行動と結果を実現することは可能なのだ。

これからの章で説明する研究が、わたしたちの不正な行ないを引き起こす原因を明らかにするとともに、そうした行ないを減らし、抑える興味深い方法を示すうえで役立つことを、心から願っている。

それでは、旅を始めるとしよう……。

第一章　シンプルな合理的犯罪モデル（ＳＭＯＲＣ）を検証する

はっきり言わせてもらおう。あいつらはずるをする。あなたもずるをする。そしてそう、わたしもときどきはずるをする。

わたしは大学教授として、学生の関心を授業内容に引きつけておくために、少々趣向を凝らすようにしている。その一環として、ときどき授業に興味深いゲストを呼んで、講義をしてもらう。これは授業の準備にかける時間を減らすのにもってこいの方法でもある。言ってみれば、ゲストと学生、そしてもちろんわたしの三者が、お互いに得をする状況というわけだ。

あるときこの手の「授業から無料で釈放」的な講義として、行動経済学の授業に特別ゲストを招いた。この頭の切れる立派な人物は、輝かしい経歴のもち主だった。何しろ著名銀行や企業トップの伝説的ビジネスコンサルタントとして活躍する以前は、プリンストン大学から法務博士を、そのまた前には法学士の学位を取得している。「今日お招きしたゲストは」とわたしはクラスに向かって宣言した、「ここ何年か、ビジネスエリートたちの夢の実現を手伝ってきました!」

この紹介を受けて、ゲストが壇上にのぼった。彼はしょっぱなからズバリ切りこんだ。「今日わたしがここに来たのは、きみたちの夢をかなえる手伝いをするためだ。**カネ**の夢だ!」。彼はズンバ・インストラクター張りの響きわたる声で言い放った。「きみたちは、**カネ**をもうけたいか?」

エネルギッシュで開けっぴろげなもの言いに、だれもが引きこまれ、笑いながらうなずいた。

「ここに、金もちはいるか?」と彼は尋ねた。「そりゃわたしは金もちだが、きみたち大学生はそうじゃない。きみたちはみな貧乏だ。だがそれは**ずる**の力で変わる! やってみようじゃないか!」

それから彼は悪名高いペテン師たちの名前をずらずらあげた。歴史上の人物に始まり最近の人たちまで、一〇人ほどのCEOのほか、アレックス・ロドリゲス〔ステロイド使用を認めたプロ野球選手〕、バーニー・マドフ〔史上最大級の金融詐欺事件を起こした投資会社の会長〕、マーサ・スチュワート〔インサイダー取引疑惑で有罪判決を受けたカリスマ主婦〕などを並べたてた。「みんな、彼らのようになりたいだろう!」とけしかけた。「権力とカネがほしいだろう！　ずるをすれば、すべてがきみたちのものになる。しっかり聞けよ、これから秘訣を教えるからな！」

この刺激的な前置きが終わると、グループ演習の時間になった。彼は目を閉じて体を浄化する深呼吸を三回するように言った。「きみたちはずるをして、いま初めての一〇〇〇万ドルを手にしたところだ」と彼は言った。「その金で何をする？　そこの、青緑色のシャツを着たきみ！」

「家を買います」。学生はもじもじしながら答えた。

「**家**だと？　われわれ金もちは**屋敷**というんだ。じゃきみは？」。そう言って別の学生を指名した。

「休暇です」

「きみの所有するプライベートアイランドでな。いいぞ！　偉大なペテン師ほどの金もちになれば、人生が変わる。ここにはグルメはいるか？」

何人かが手をあげた。

「ジャック・ペパン［ド・ゴール元フランス大統領の専属シェフ］がきみだけのために腕をふるう食事はどうかね？　シャトーヌフ＝デュ＝パプでのワインテイスティングは？　大もうけすれば、いつまでもぜいたくな暮らしができる。ドナルド・トランプを見てみろ！　いいか、一〇〇〇万ドルもらえるなら、恋人を車で轢《ひ》くくらい、だれだってやるだろう？

わたしが今日ここに来たのは、そういうことをしても大丈夫だと教えるため、きみたちの心のブレーキを解き放つためだ！」

　このころにはほとんどの学生が、まともな役割モデルの話を聞いているのではないことに気づき始めていた。だが彼らはそれまでの一〇分間、初めて手にする一〇〇〇万ドルでかなえるバラ色の夢を語り合っていただけに、金もちになりたいという欲求と、ずるが道徳的に間違っているという認識の板ばさみになっていた。

「きみたちのためらいが見える」とゲストは言った。「感情に行動を支配させるな。費用便益分析で恐れに立ち向かうんだ。ずるをして金もちになることのよい点は何だ？」。彼は尋ねた。

「金もちになること！」。学生は一斉に答えた。

「そのとおり。悪い点は？」

「つかまること！」

「ああ」と講師は言った。「つかまる**可能性**はある。**しかし**――秘訣を教えよう！　ずるをしてつかまるのは、ずるをして罰を受けるのとはわけが違う。ワールドコムの元ＣＥＯ、バーニー・エバーズを見てみろ！　弁護団は、エバーズは何が起きているのかまったく知らなかったという抗弁をひねり出したじゃないか。エンロンの元ＣＥＯ、ジェフリー・スキリングはどうだ？　『書類をシュレッダーにかけろ、感づかれた』という電子メールを書いたことがばれているのに、あれはただ〝皮肉〟を言っていただけだと証言したぞ！　それに抗弁が成功しなくても、犯罪人引き渡し条約を結んでいない国に、いつでも高飛びできるさ！」

わたしのゲスト講演者は――実世界ではジェフ・クライスラーという名のお笑い芸人で、『ずるをしてリッチになろう！』（*Get Rich Cheating*）の著者だ――道徳的判断をいっさい無視して、純粋に費用便益分析だけをもとに金銭的決定を下すことの正しさを、強硬に主張していた。学生たちはジェフの講義を聞いて、完全に合理的な観点からすれば、たしかにそのとおりだと思った。だがその反面、ずるが成功への最良の道だという主張に、困惑と反発を感じていた。

授業の終わりに、わたしは学生たちに問いかけた。きみたち自身の行動は、どの程度SMORCにあてはまるだろう。「ふつうの一日にばれずにずるをするチャンスは、何回ぐらいあるかな？」とわたしは尋ねた。「そのうち、きみたちがチャンスを利用してずるをするのは何回だろう？　もしだれもがジェフのような費用便益的な考え方をしたら、身の周りの不正行為はどれだけ増えるだろう？」

実験の構成

ジェフやベッカーの不正に対する考え方は、三つの基本要素からなっている。（一）犯罪から得られる便益、（二）つかまる確率、そして（三）つかまった場合に予想される処罰だ。合理的な人間は、最初の要素（便益）と残りの二つの要素（費用）とを天秤にかけて、一つひとつの犯罪が実行に値するかしないかを判断できるというのだ。

もちろんSMORCが、人が正直でいるか不正をするかをきめる方法を、正しく説明しているという可能性はある。だが学生たち（とわたし）が、SMORCのもつ意味に対して抱いた違和感を考えると、もう少し掘り下げて、真相を探る必要がありそうだ（これからの数ページで、この本を通じて不正を測定する方法をくわしく説明するので、しっかり読んでもらいたい）。

わたしは研究仲間のニーナ・メイザー（トロント大学助教）とオン・アミア（カリフォルニア大学サンディエゴ校准教授）とともに、人がどうやってごまかしをするのかをもっとくわしく調べることにした。当時わたしが教授をしていたMITのキャンパスじゅうに貼り紙をして、一〇分ほどで最大一〇ドルを稼げる実験に参加しませんかと、学生たちに呼びかけた＊。指定された時間に集まってくれた実験協力者は、部屋に入って、小さな机のついたいすに座った（よくある筆記試験型の設定だ）。すると一枚ずつ紙が配られた。紙

＊『予想どおりに不合理』の読者は、本章と第二章「つじつま合わせ仮説」で紹介する実験のいくつかを覚えているかもしれない。

図1　数字探し課題

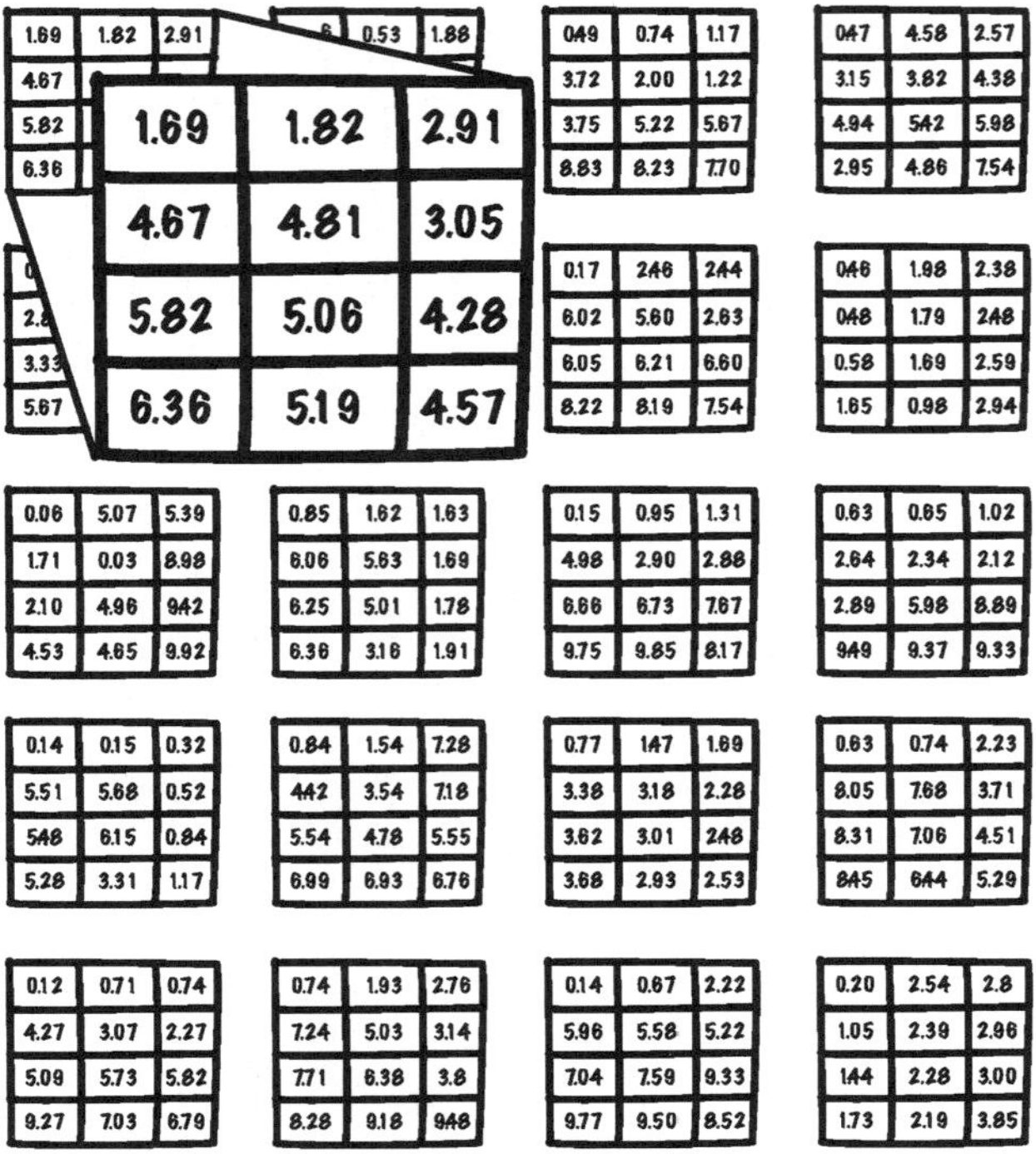
1.69 1.82 2.91
4.67 4.81 3.05
5.82 5.06 4.28
6.36 5.19 4.57
0.49 0.74 1.17
3.72 2.00 1.22
3.75 5.22 5.67
8.83 8.23 7.70
0.47 4.58 2.57
3.15 3.82 4.38
4.94 5.42 5.98
2.95 4.86 7.54
0.17 2.46 2.44
6.02 5.60 2.63
6.05 6.21 6.60
8.22 8.19 7.54
0.46 1.98 2.38
0.48 1.79 2.48
0.58 1.69 2.59
1.65 0.98 2.94
0.06 5.07 5.39
1.71 0.03 8.98
2.10 4.96 9.42
4.53 4.65 9.92
0.85 1.62 1.63
6.06 5.63 1.69
6.25 5.01 1.78
6.36 3.16 1.91
0.15 0.95 1.31
4.98 2.90 2.88
6.66 6.73 7.67
9.75 9.85 8.17
0.63 0.65 1.02
2.64 2.34 2.12
2.89 5.98 8.89
9.49 9.37 9.33
0.14 0.15 0.32
5.51 5.68 0.52
5.48 6.15 0.84
5.28 3.31 1.17
0.84 1.54 7.28
4.42 3.54 7.18
5.54 4.78 5.55
6.99 6.93 6.76
0.77 1.47 1.69
3.38 3.18 2.28
3.62 3.01 2.48
3.68 2.93 2.53
0.63 0.74 2.23
8.05 7.68 3.71
8.31 7.06 4.51
8.45 6.44 5.29
0.12 0.71 0.74
4.27 3.07 2.27
5.09 5.73 5.82
9.27 7.03 6.79
0.74 1.93 2.76
7.24 5.03 3.14
7.71 6.38 3.8
8.28 9.18 9.48
0.14 0.67 2.22
5.96 5.58 5.22
7.04 7.59 9.33
9.77 9.50 8.52
0.20 2.54 2.8
1.05 2.39 2.96
1.44 2.28 3.00
1.73 2.19 3.85

には数字の行列が二〇並んでいる（図1に問題の例をのせておく）。行列内の数字のなかから、足し合わせると一〇になる二つの数字を探すのが、彼らの仕事だ（これは「数字探し課題」と言い、この本の大部分でくり返し登場する）。実験協力者は、五分の制限時間内に二〇問のうちできるだけ多くを解き、正答一問につき五〇セントの報酬（実験によって報酬は変わる）を支払われる。実験者の「始め！」の合図で、協力者は問題用紙を一斉に表に返して、単純な算数の問題をせっせと解き始めた。

図1には、問題用紙がどんなふうだったか、行列を一つだけ拡大した例をのせた。足してちょうど一〇になる二つの数字を探すのに、あなたはどれくらいかかるだろう？

協力者は全員、こんな感じで実験を始めたが、五分間が終わったあとの手順は、実験条件によって違っていた。

たとえばあなたは対照条件の協力者で、二〇問のうちなるべく多くの問題を解こうと、しゃかりきにとりくんでいる。一分が過ぎ、一問解けた。もう二分で、三問めまで行った。時間が来たとき、四問も解けていた。稼ぎは二ドルだ。あなたは実験者のところに行って、解答を提出する。実験者はあなたの解答を調べてから、よろしいというふうにほほえんで、「正答は四問ね」と言い、その分のお金を数えてわたしてくれる。「これでおしまいですよ」と言われ、あなたは部屋をあとにする（この対照条件での得点を、学生が実力で課題を解いた場合の成績水準と考えた）。

または、あなたがごまかしをするチャンスのある「破棄条件」に入れられたと想像してほしい。この条件は対照条件と同じだが、違いが一つだけある。五分が終了した時点で、実験者はこんな指示を与えるのだ。「これで試験は終わりです。正答した問題の数を自分で数え、作業用紙を教室のうしろにあるシュレッダーで破棄してから、正答数をわたしに教えてください」。あなたは律儀に答えを数えて、作業用紙をシュレッダーにかけ、成績を申告して、報酬を受けとり、部屋を出て行く。

あなたが破棄条件の協力者なら、どうする？　正答数をごまかすだろうか？　ごまかすとしたら、何問？

二つの条件の結果から、協力者がごまかしの不可能な対照条件であげた成績と、ごまかしが可能な破棄条件で自己申告した成績とを、比較することができた。もし二つの条件で得点に違いがなければ、破棄条件ではごまかしが起きなかったと結論づけていい。だがもし破棄条件の成績の方が、統計的に見て「高い」のであれば、協力者が証拠を破棄するチャンスがあったとき、成績を水増し申告した（ごまかしをした）と結論づけられる。またこのグループのごまかしの度合いは、彼らが正答したと申告した問題の数が、対照条件の協力者が実力で正答した問題の数と比べて、どれだけ多いかをもって判断した。

おそらく予想どおりと言ってもいいだろうが、ごまかしをするチャンスがあったとき、多くの協力者が実際に得点をごまかした。対照条件では、協力者の平均正答数は二〇問中四問だったが、破棄条件の協力者が申告した正答数は平均して六問と、対照条件を二問上回った。そして全体の平均を押し上げていたのは、得点を大幅に水増しした少数の人ではなく、ちょっとだけ水増しをした大多数の人だったのだ。

報酬を増やせばごまかしも増える？

こうして不正を定量化する基本的な方法を確立したことで、ごまかしを促す力、抑える力について調べる準備が整った。ＳＭＯＲＣの考え方によれば、ごまかしをしてもばれたり罰せられたりせずに、より多くのお金が得られるチャンスがあるとき、人はもっとごまかしをするべきだということになる。これは単純で直感的にもわかりやすい考え方なので、次はこれが本当かどうかを調べることにした。数字探し実験にちょっと手を加えて、協力者が数字探しの問題を一問正答するごとに得る金額をいろいろに変えた。一問二五セントの報酬を約束された協力者もいれば、五〇セントや一ドル、二ドル、五ドルを約束された人もいた。最も高いレベルでは、正答一問につき一〇ドルという、べらぼうな金額を提示された協力者もいた。どんな結果が出たと思う？　ごまかしの量は、報酬の金額とともに増えただろうか？

答えを教える前に、これに関連して行なった別の実験を説明しよう。この実験では、別の協力者のグループに、数字探しのテストを実際に受けてもらうのではなく、破棄条件の正答数が報酬金額によってどう変わるかを予想してもらった。協力者の予想は、金額が増えるにつれて正答数も増えるというものだった。つまり、彼らのもっていた直感的な仮説は、SMORCの基本的な考えと同じだった。しかし、彼らは間違っていた。ごまかしの大きさを調べたところ、協力者は一問正答するごとに得られる金額とは関係なく、自分の得点に平均で二点上乗せして申告した。それどころか、正答一問につき一〇ドルという最高額を約束されたとき、協力者のごまかしの量はやや少なめだったのだ。

なぜごまかしの水準は、報酬の金額とともに上がらなかったのだろう？　なぜ報酬が最も高いとき、ごまかしはかえって少なめだったのだろう？　このように不正が報酬金額にほとんど影響されなかったことを考えると、不正は費用便益分析の結果として行なわれるわけではなさそうだ。なぜなら費用便益の考え方でいけば、便益（報酬の金額）が大きくなればごまかしも増えるはずだからだ。それに、なぜ報酬が最高額のとき、ごまかしの水準が最低だったのか、その説明もつかない。わたしが思うに、一問正答して得られる金額が一〇ドルのとき、協力者はごまかしをしながら自分の正直さに満足し続けることが難しくなったのではないだろうか（あとでくわしく説明する）。報酬が一問につき一〇ドルになると、職場から鉛筆を一本失敬する程度のごまかしではなくなる。ペンやホッチキスを何箱かちょうだいする、コピー用紙をごっそり盗むといった行為に近くなり、目をつむったり、正当化したりするのがずっと難しくなるのだ。

見つかる確率が高まるとごまかしは減る？

次の実験では、ごまかしが見つかる確率が高いと協力者が感じたとき、何が起きるかを調べた。簡単に言えば、頭のなかで防犯カメラを部分的に作動させるようなしかけを、実験にくみこんだのだ。

一つめのグループには、作業用紙を半分だけシュレッダーで破棄してもらうと説明した。つまりごまかしをした場合、しっぽをつかまれる可能性があるということだ。二つめのグループには、作業用紙全体を破棄するよう指示した。この場合、無罪放免で逃げおおせることになる。最後に三つめのグループには、作業用紙全体を破棄してから、試験会場を出て、紙幣と小銭が一〇〇ドル以上つまった大きなボウルから、自分で報酬をとってもらうことにした。この自分に報酬を支払う条件では、協力者はごまかしをして逃げおおせるだけでなく、余分なお金をたくさんとることもできた。

さてこのときも別のグループに、各条件で協力者が平均して何問正答したと申告するかを予想してもらった。そしてこのグループもやはり、人間が不正をする傾向はSMORCの予測するとおり、見つかる確率が下がるにつれて、協力者が申告する正答数は増えると予想したのだ。

結果はどうだったか？　このときも、大勢の人がごまかしをしたが、その量はちょっとずつだった。そしてごまかしの水準は、三つの条件（作業用紙の半分を破棄、全体を破棄、全体を破棄して自分に報酬を支払う）で変わらなかったのだ。

ところで、あなたは疑《うたぐ》っているかもしれない。実験協力者は、自分の条件ではごまかしをしてもばれないことに、本当に気づいていたのだろうかと。たしかに気づいていたことをはっきりさせるために、ラチェリ・バーカン（イスラエルのネゲブ・ベングリオン大学上級講師）、エイナフ・マハラバニ（ラチェリと共同研究をしていた修士課程の学生）とわたしは、別の実験を行なった。このときエイナフと、もう一人の研究アシスタントのタリが、実験を監督した。エイナフとタリはいろいろな点でよく似ていたが、エイナフはひとめで目が不自由だとわかった。つまり彼女が監督しているときは、ごまかしがしやすかった。実験者の目の前のテーブルに置いた大金の山からお金をとるときになって、協力者がほしいだけの現金をわしづかみにしたとしても、エイナフには見えなかったのだ。

では協力者はエイナフの方を、もっとごまかしただろうか？　エイナフが監視していたとき、協力者はやはり本来もらえるよりちょっと多めの金額をとったが、ごまかしの量はタリが監督していたときと変わらなかったのだ。

これらの結果は、見つかる確率がごまかしの量に大きな影響を与えないことを示している。もちろん、人は見つかる確率に何の影響も受けないとは言っていない。だいいち、警官がすぐそばに立っているのに、車を盗もうとする人はいない。だがこの結果からは、見つかる確率がわたしたちが思っているほどの影響をおよぼさないことがわかった。

もしかするとあなたは、実験協力者がこんなふうに考えたと思っているかもしれない。「何問か水増しするだけなら、だれにも疑われない。でも『ほんのちょっと』を超えてごまかしをすれば、だれかに疑いをもたれて問いつめられるかもしれない」

次の実験でこれを調べた。半数の協力者に、実験での平均的な学生の正答数は約四問だという情報を事前に与えた（これは事実だ）。残りの半数には、平均的な学生は八問正答すると教えた。なぜこんなことをしたのか？　もし協力者が「目立ちたくない」という気もちからごまかしの水準をきめているのなら、どちらの条件でも、平均的な成績だと信じている得点に、数問上乗せした得点を申告するはずだ（つまり平均が四問だと信じていれば六問、八問と信じていれば一〇問ほど正答したと申告する）。

では協力者は、一般的な正答率が高いと信じていたとき、どんな行動をとっただろうか？　実は、この知識は少しも影響もおよぼさなかったのだ。協力者はどちらの条件でも、自分の得点を平均して二問ほど水増しした（四問正答して、六問解いたと申告した）。他人の平均的な正答率が四問だと思っていても、八問だと思っていても、結果は変わらなかった。

この結果から、ごまかしは「目立ちたくない」という懸念には影響を受けないことがわかる。むしろわたしたちの道徳感覚は、自分が違和感を覚えないごまかしの量と関係がある。要するに、わたしたちは「そこそこ正直な人間」という自己イメージを保てる水準まで、ごまかしをするのだ。

野に出でよ

このようにSMORCに対する一つめの反証を得たラチェリとわたしは、研究室を出て、もっと自然な環境に足を踏み入れることにした。わたしたちがごくふつうの日に出くわすような、よくある状況を調べたかったのだ。それに学生だけでなく、「現実の人間」を調べたかった（学生が、きみたちは現実の人間でないと言われるのをいやがることには気づいていたが）。また、このときまでに行なっていた実験の枠組には、欠けていた要素がもう一つあった。それは協力者が人のためになる、善意ある行動をする機会だ。研究室の実験では、協力者にできるよい行ないと言えば、せいぜいごまかしをしないことだった。だが人は現実の生活状況で、ただ中立的というだけでなく、寛大で情け深い行動を示すことがある。わたしたちはこのニュアンスを加えることを念頭に、人間性のよい面と悪い面の両方を試せるような状況を考え出した。

道路の端から端まで続いている、農産物の大きな直売市を想像してほしい。この直売市は、イスラエル南部の町、ベエルシェバの中心部にある。暑い一日だ。道の両側にずらりと連なる露店に、何百人もの商人がところ狭しと売りものを並べている。あなたは新鮮なハーブに野菜の酢漬け、焼きたてのパン、熟《う》れたイチゴなどの匂いに包まれ、オリーブやチーズを山盛りのせた皿に目移りしている。商品を売りこむ商人の呼び声が響きわたる。

「本日限りだよ！」「甘いよ！」「安いよ！」

市にやって来たエイナフとタリは、別々の方向に向かった。エイナフは白い杖をつきながら市を歩いていった。二人はそれぞれ野菜売りを何軒かはしごした。店に行くと、ほかの買いものをすませる間、トマトを二キロ選んでおいてくださいと言いおいて、その場を離れ、一〇分ほどしてから戻り、トマトを受けとって代金を支払うと、立ち去った。これをいくつかの店でくり返した。それがすむと、二人は市の端にいた別の売り手に行って、前に頼んでおいたように、それぞれの店で買ったトマトの品定めをしてもらった。二人に売られたトマトのよし悪しを比べれば、エイナフとタリのどちらがよい品をもらい、どちらが悪い品をもらったのかがわかるはずだ。

エイナフは不当な扱いを受けただろうか？　ここで心にとめておいてほしいのが、純粋に合理的な観点から言えば、売り手にとっては、一番見てくれの悪いトマトをエイナフに売りつけることが、理にかなっているということだ。なぜって、彼女は美的品質には何の恩恵も受けないからだ。伝統的な、たとえばそう、シカゴ大学の経済学者なら、当事者全員（売り手、エイナフ、その他の消費者）の社会的幸福を最大化するには、売り手がエイナフに一番見てくれの悪いトマトを売り、トマトの美的側面を味わえる人たちのためにきれいなものをとっておくべきだと、そう主張するかもしれない。ふたを開けてみると、エイナフのために選ばれたトマトの美的品質は悪くなく、むしろタリのために選ばれたものより質が高かった。つまり売り手はわざわざ労をとって、またいくらかの売上を犠牲にしてまで、目の不自由な顧客のために、より高い品質の農産物を選んでくれたのだ。

この明るい結果を得たわたしたちは、続いて汚名をかぶせられることの多い職業、タクシードライバーを調べることにした。タクシー業界には「遠回り《ロングホーリング》」と呼ばれる常套手段がある。これは地理に暗い乗客を、長い遠回りをして行き先まで連れて行き、ときに料金をぼったくる手口を指す公式用語だ。たとえばラスベガスのタクシードライバーに関する調査によれば、マッカラン国際空港から繁華街のストリップ地区へ行くのに、わざわざトンネルを抜けて州間ハイウェイ二一五号線に乗り、たかだか三キロほどの道のりに九二ドルの料金を請求するドライバーまでいるという(2)。

タクシードライバーの悪評を考えると、彼らがおしなべてごまかしをするのか、またごまかしを見抜けない客にはさらにごまかしをするのかという疑問がわいてくる。次の実験では、エイナフとタリに、鉄道の駅とネゲブ・ベングリオン大学との間を、それぞれタクシーで一〇往復してもらった。このルートのタクシー料金は、こんなしくみになっている。ドライバーにメーターを倒すように言うと、料金は二五NIS（イスラエル・シュケル、約七ドルに相当）ほどになる。またメーターを倒さずに、慣習的な固定料金の二〇NIS（約五ドル五〇セント）を支払うこともできる。実験はこんな手順で進んだ。エイナフもタリも、それぞれタクシーに乗車すると、ドライバーにメーターを倒すように言う。ドライバーによっては、メーターを倒さない方が運賃が安いよと、「しろうと」の乗客に教えてくれる人もいたが、それでも二人はメーターを倒してくださいと言い張った。タクシーが目的地に着くと、料金を尋ねて支払いをし、タクシーを降りる。そして何分かたったら別のタクシーをつかまえて、前のタクシーに乗車した場所まで戻るというわけだ。

二人が請求された料金を比べると、二人ともメーター制で料金を支払うと言ったのに、エイナフの方がタリより安い料金を支払っていた。なぜだろう？　一つの可能性として、ドライバーたちはエイナフを乗せたときは最短で最安のルートを行き、タリを乗せたときには長めのルートを行ったのかもしれない。もしそうなら、ドライバーはエイナフにはごまかしをしなかったが、タリには多少ごまかしをしたことになる。だがエイナフは、起きたことについて違う説をもっていた。「わたしがメーターを倒すよう頼むと、倒す音がたしかに聞こえました」と彼女は証言した。「でも、目的地に着くまでの間にメーターを止めて、料金が二〇ＮＩＳほどになるようにしてくれたドライバーが多かったんです」。するとタリが「そんなこと、わたしには一度も起きなかったわ」と口をはさんだ。「ドライバーは一度もメーターを止めなかったし、料金はたいてい二五ＮＩＳほどだった」

この実験結果には、二つの重要な側面がある。第一に、タクシードライバーが、費用便益分析をして収入最大化を図ろうとしなかったのは明らかだ。もし費用便益分析をしていたなら、メーター料金より多く課金したり、町なかを無駄に走り回ったりして、エイナフの方をもっとごまかしていたはずだからだ。第二に、ドライバーは、ただごまかしをしなかっただけでなく、よりよい行ないをした。エイナフの利益を考え、彼女のために、自分の売上を多少犠牲にしてくれたのだ。

つじつま合わせをする

ここでは間違いなく、ベッカーやふつうの経済学がわたしたちに信じこませようとしていることより、ずっと奥の深いことが起きている。まず何よりも不正の水準が、不正によって得られる金額にそれほど左右されない（わたしたちの実験ではまったく影響を受けなかった）という実験結果は、不正が単に費用と便益を分析した結果行なわれるわけではないことを示している。そのうえ、見つかる確率を変えても不正の水準が変化しなかったことを考え合わせると、不正が費用便益分析をもとに行なわれる可能性はさらに低くなる。

最後に、チャンスを与えられると、大勢の人がほんのちょっとだけごまかしをするという事実から、不正を実際に支配する力が、ＳＭＯＲＣの予想する力よりずっと複雑である（うえ、興味深い）ことがわかる。

いったい何が起きているのだろう？　そこでわたしはある仮説を唱え、この本の大部分を費やしてそれを検証するつもりだ。この仮説を簡単に説明すると、わたしたちの行動は、二つの相反する動機づけによって駆り立てられている。わたしたちは一方では、自分を正直で立派な人物だと思いたい。鏡に映った自分の姿を見て、自分に満足したい（心理学者はこれを自我動機と呼ぶ）。だがその一方では、ごまかしから利益を得て、できるだけ得をしたい（これが標準的な金銭的動機だ）。二つの動機が相容れないのは明らかだ。では、ごまかしから利益を確実に得ながら、自分を正直ですばらしい人物だと思い続けるには、いったいどうすればいいのだろう？

ここで、わたしたちの驚くべき「認知的柔軟性」の出番となる。この人間的能力のおかげで、わたしたちはほんのちょっとだけごまかしをする分には、ごまかしから利益を得ながら、自分をすばらしい人物だと思い続けることができるのだ。この両者のバランスをとろうとする行為こそが、自分を正当化するプロセスであり、わたしたちが「つじつま合わせ仮説」と名づけたものの根幹なのだ。

つじつま合わせ仮説をわかりやすく説明するために、あなたが最後に確定申告をしたときのことを思い出してほしい。あいまいではっきりしないものごとに決定を下すとき、自分のなかでどうやって折り合いをつけただろう？　車の修理代の一部を経費で落とすのは許されるだろうか？　落とすとして、いくらなら違和感を覚えないだろう？　二台めの車を経費扱いにするのはどうだろう？　ここで問題にしているのは、単に自分の決定を国税庁に対して正当化することではない。税額控除を増やしたことを、自分に対して正当化する方法のことを言っているのだ。

　または友人とレストランに食事に行ったら、あなたが最近かかりきりになっているプロジェクトについて根掘り葉掘り聞かれた。仕事の話をしたことだし、いま食べた夕食は経費として認められるだろうか？　たぶんだめだろう。しかしこれが出張中のできごとだったら、または食事相手の一人を近い将来クライアントにしたいと思っている場合はどうだろう？　この手の判断を下したことがあるなら、あなたも倫理の柔軟な境界線をいじっていたことになる。ひと言で言うと、自己イメージを損なわずに不正から利益が得られるような境界線を、だれもがいつも探そうとしているのだろう。オスカー・ワイルドはこう言っている。「道徳性とは、芸術のようにどこかに線を引くことである」。問題は、その線がどこにあるのかだ。

　作家のジェローム・K・ジェロームには、これがわかっていたようだ。彼は一八八九年に発表したユーモア小説『ボートの三人男――犬は勘定に入れません』のなかで、この世で最も嘘の多い話題と言われる釣りについて、こんなことを書いている。

わたしの友人に、とても良心的な若い男がいた。彼はフライフィッシングに行くときは、釣った魚の数を二五％以上は誇張しないと心にきめた。

「四〇匹釣ったときは、五〇匹釣れたと言うんだ。でもそれ以上は嘘を言わない。嘘をつくのは罪深いことだからね」

もちろんふつうの人はこの若者のように、自分にとって受け入れられる「嘘率」を意識的につきとめてはいない（し、ましてや公言などしない）。だがこの大まかなやり方は、わたしたちの現実の行動を、結構正確に表わしているのではないだろうか。わたしたち一人ひとりが、絶対的に「罪深く」ならない程度にごまかしをする、自分なりの限界を定めているのだ。

それでは続いて、つじつま合わせ係数のしくみを――好ましい自己イメージを保ちたい、それでいてごまかしから利益を得たいという、二つの矛盾する欲求の微妙なバランスを図るしくみを――理解することに目を向けよう。

第二章　つじつま合わせ仮説

ちょっとしたジョークを一つ。

八歳のジミーが、学校の先生から手紙をもらってきた。「ジミーは隣の生徒から、鉛筆を一本盗みました」。父はカンカンに怒った。ジミーにこんこんと説教し、自分がどんなに驚き、がっかりしたかを話して聞かせ、二週間の外出禁止を申しわたした。「母さんが帰って来たらどんなに叱られるか！」とおどかした。父は最後にこう結んだ。「それにジミーや、鉛筆がほしいなら、そう言えばいいじゃないか？　なぜ父さんに頼まない？　鉛筆くらい、職場から何十本だってもって帰れるのを知ってるだろう？」

わたしたちがこのジョークにニヤリとするのは、人間としてだれもがもっている不正直さが、どんなに複雑かを知っているからだ。同級生の鉛筆を一本盗むわが子は罰を受けて当然だと思うのに、職場からは迷うことなく鉛筆をごっそりちょうだいする。

ニーナとオンとわたしにとって、このちょっとしたジョークは、人が特定の種類の活動を行なうときに、道徳規範を緩めやすい可能性を示しているように思われた。もしかしたら、不正行為とそれがもたらす結果の間の心理的距離を広げれば、「つじつま合わせ係数」が大きくなって、実験協力者はごまかしをしやすくなるのではないだろうか。むろん、実験協力者にごまかしを促すのはほめられたことではない。しかし不正行為について研究し、理解するという目的のために、人が道徳規範を緩めがちな状況や介入があるのかどうか、それをどうしても知りたかった。

この考えを検証するために、わたしたちはまず鉛筆のジョークの大学版を試すことにした。ある日わたしはMITの寮にこっそり忍びこんで、そこいらじゅうの共用冷蔵庫に魅力的なエサをしこんだ。冷蔵庫の半数には六本パックの缶コーラを入れ、残りの半数には一ドル札を六枚のせた紙皿を忍ばせて立ち去った。それから何度か冷蔵庫に舞い戻っては、缶コーラと札の減り具合をチェックした。缶コーラと札のいわゆる「半減期」を調べたわけだ。

学生寮というものに行ったことがある人ならわかると思うが、缶コーラは七二時間以内に跡形もなく消滅した。だがとくに興味深いことに、札は手つかずのまま残っていた。学生は一ドル札を一枚とって、近くの自動販売機まで行き、缶コーラを手に入れ、お釣りまでものにすることもできたのに、だれ一人そうしなかったのだ。

これが偉大な科学的実験でないことは認めよう。冷蔵庫に缶コーラが入っているのは学生にとってあたりまえのことでも、一ドル札が数枚のった皿が入っているのは、かなり珍しいことだ。しかしわたしたち人間が、金銭的価値を明示的に参照しないもの、要するに亡くなった大統領の顔が描かれていないものを、すきあらば盗もうとすることが、この簡単な実験からわかる。それでいて直接お金を盗むことは、日曜学校の一番敬虔な先生にもほめられるほど、かたくなに避けようとする。これと同じで、自宅のプリンターで使う用紙を職場からもって帰ることはしても、職場の小口現金用の現金箱から三ドル五〇セントくすねることはまずない。たとえその足で店に駆けこみ、全額はたいて自宅用のプリンター用紙を買えるとしてもだ。

現金との距離が不正におよぼす影響を、より制御された方法で調べるために、数字探し実験をかたちを変えて行なうことにした。今回は、ごまかしが現金から一歩離れた条件を加えた。前の実験と同じで、破棄条件の実験協力者は、自分の作業用紙を破棄したため、正答数を多めに申告してごまかしをするチャンスがあった。協力者は課題を終えると、作業用紙を破棄し、それから実験者のところに戻って、こう言うことになっていた。「X問正解したので、Xドルください」*

さて、今回の実験の新機軸は、「トークン（代用硬貨）」条件だ。トークン条件は破棄条件とだいたい同じだが、唯一の違いとして、協力者の報酬が現金ではなく、プラスチック製のチップで支払われた。トークン条件の協力者は、作業用紙を破棄し終えると、実験者のところに戻ってこう言った。「X問正解したので、X枚のトークンをください」。そしてチップを受けとると、三、四メートルほど離れたテーブルまで歩いていって、そこでトークンと引き換えに正真正銘の現金を受けとることになっていた。

結果どうなったか。数秒後には現金に引き換えられるトークンを、嘘を言って手に入れた協力者は、現金を直接手に入れるために嘘を言った人たちに比べて、二倍も多くごまかしをしたのだ。トークン条件の協力者の方が、たくさんごまかしをするだろうとは思っていたが、現金から小さく一歩離れただけで、これほどまでにごまかしが増えたことに、わたしは正直驚いた。この結果から、人が鉛筆やトークンといった、金銭ではないものを前にすると、本物の現金を前にしたときより不正をしやすいことがはっきりした。

わたしが長年のうちに行なってきたすべての研究結果のなかでも、とくに懸念をもっているのが、社会のキャッシュレス化が進むにつれて、わたしたちの道徳的指針がますます損なわれるのではないかということだ。現金からたった一歩遠ざかるだけで、これほどごまかしが増えるなら、社会がますますキャッシュレス化したらどうなるか考えてほしい。道徳的観点から言うと、クレジットカード番号を盗むのは、人の財布から現金を盗むのに

＊「X」は、協力者が正しく解いたと申告した問題の数を表わす。

比べて、ずっと簡単なのだろうか？　デジタルマネー（デビットカードやクレジットカードなど）は、もちろん利点も多いが、自分の行動の現実感をいくらか薄めてしまうのかもしれない。現金から一歩離れることで、道徳的束縛から解き放たれるなら、銀行サービスのオンライン化がますます進んだら、何が起きるだろう？　金融商品の実態がますます見えにくくなり、現金との関係が希薄化したら（たとえば株式オプションやクレジット・デフォルト・スワップなどのデリバティブがこの好例だ）、いったいどうなるのだろう？

これをすでに悪用している企業がある！

わたしたちは科学者として、現金から一歩離れることがおよぼす影響を、細心の注意を払って記録、測定、検証した。だがこの原則を直感的に理解して、すでに有利に活用している企業があるのではないだろうか。たとえば、わたしが若いコンサルタントから受けとったこの手紙について考えてみよう。

アリエリー博士

わたしは数年前に一流大学の経済学部を卒業し、いまは法律事務所にサービスを提供する経済コンサルティング会社に勤めている者です。

博士に手紙を書こうと思ったのは、わたしが経済コンサルタントによるビラブルアワー［クライアントに報酬を請求できる仕事時間］の過大申告という、よくある現象を見聞きするとともに、自分でもそれに手を染めてきたからです。この際、体《てい》のいい言葉を使うのはよして、ずるとはっきり言いましょう。コンサルタントの報酬体系は、最上層部から下っ端のアナリストまで、すべてずるを促すような構造になっています。わたしたちがそれぞれの仕事にいくら請求するかをだれもチェックしないうえ、何が妥当かを示す明確な指針もありません。おまけに同僚のアナリストのなかでビラビリティ［総就業時間に占める請求可能時間の割合］が一番低い人は、首を切られる可能性が一番高いんです。こういった要因が、ずるがはびこる温床をつくっているのです。

当の弁護士も、わたしたちの請求する一時間一時間に、大幅に上乗せした料金をクライアントに請求するので、わたしたちがプロジェクトの完了に時間をかけても気にしやしません。弁護士には、クライアントの怒りを買わないよう、コストを削減する動機が多少ありますが、わたしたちが行なう経済分析の多くは、よし悪しを評価するのがとても難しいんです。弁護士はそのことを、自分に都合よく利用しようとしているようです。言ってみれば、わたしたちは弁護士のためにずるをしているようなものです。わたしたちは仕事を確保し、彼らはさらなる利益を確保するのですから。

ずるがうちの社内でどんなふうに行なわれているか、いくつか具体例をあげましょう。

●何かの締切が迫っていたとき、わたしたちは超がつくほど長時間はたらいていました。予算には余裕があるように思われたので、一日何時間請求すべきでしょうかと、上司（中堅のプロジェクトマネジャー）にお伺いを立てたところ、職場にいた総時間から、昼食の一時間と夕食の一時間の、計二時間を差し引いた数字でいいと言われました。サーバーでプログラムを走らせている間、何度か休憩をとったと申告しましたが、それも仕事の生産性を高めるための頭脳休憩として、カウントしていいと言われました。

●職場の親友は、過大申告をかたくなに拒んだ結果、ビラビリティが平均を二〇％も下回ってしまいました。彼の正直さは賞賛に値しますが、だれかを解雇しなくてはならなくなったとき、まっ先に首を切られてしまいました。わたしたちはこれをどう受けとめるべきでしょうか？

●ある人は、プロジェクトを探して電子メールをチェックしている時間の分も、すべて請求します。その間、仕事の声がかかっても、かからなくてもです。「待機中」なんだそうです。

●別の人は、自宅勤務が多く、ずいぶんな額を請求しているようですが、職場にいるときはいつも手もちぶさたに見えます。

こういう例はいくらでもあります。わたし自身、この悪行に荷担していることは間違いありませんが、問題をよりはっきりと目のあたりにしたことで、何とかしなくてはと思うようになりました。何かアドバイスをもらえないでしょうか？ あなたがわたしの立場だったらどうされますか？

敬具
ジョナ

悲しいことだが、ジョナの指摘した問題はよくある話だし、道徳心に対するわたしたちの考え方が直接生み出したものでもある。この問題については、別の考え方もできる。ある朝わたしは、車の窓が割られ、ポータブルナビが盗まれたことに気がついた。当然むかついたが、（保険が下りたので）わたしの将来の経済状況への影響という意味では、この犯罪はわずかな不利益をおよぼしただけだった。これに対して、わたしの弁護士や株式ブローカー、ミューチュアルファンドのマネジャー、保険代理人などは、たぶん長年のうちにちょっとずつ過剰請求したり、隠れた手数料を紛れこませるなどして、わたし（たち全員）から金を搾りとっているのだろう。こうした行動は、単独では大した経済的負担にならなくても、つもりつもればポータブルナビ数個分ではすまないほどの大金になる。それなのに、彼らホワイトカラー犯罪者は、ポータブルナビ泥棒とは違って、自分のことを実に道徳的な人物だと思っているのではないだろうか。なぜなら彼らの行動は比較的ささいで、しかも何より重要なことに、わたしのふところから数歩離れているからだ。

いいこともある。現金から一歩でも離れると不正直になりやすいという自覚があれば、自分の行動と、自分の行動が影響を与えるかもしれない人たちとのつながりをはっきりさせ、意識するよう、心がけることができる。それに、自分の行動と現金との距離を縮めるのも一つの手だ。こうした対策をとることで、自分の行動がもたらす結果への意識を高め、それとともに自分の正直さを高めることができるはずだ。

錠前屋の教訓

少し前にピーターという学生に聞いた話から、不正を減らそうとするわたしたちのとりくみの多くが、見当違いだということがわかる。

ある日、家にカギを置いたまま閉め出されてしまったピーターは、慌てて錠前屋を探し回った。市に認定された業者を探すのに手間どったが、最後には錠前屋がトラックでやって来て、ものの一分ほどでカギを開けてくれた。「あんなにすばやく簡単にカギを開けるのを見て、驚きましたよ」とピーターは言った。そして彼は、その日錠前屋から学んだという、道徳についてのちょっとした教訓を教えてくれた。

錠前屋は驚いているピーターに、ドアのカギは、正直な人を正直なままでいさせることしかできないのだと諭したそうだ。「一％の人はいつも正直で、けっして盗みなどしない」と錠前屋は言った。「もう一％はいつも不正直で、よその家のカギをこじ開けてテレビを盗むことばかり考えてる。そして残りの人たちは、条件が整っている間は正直だ――しかしある程度誘惑を感じると、やはり不正直になる。カギは、家を泥棒から守るためにあるんじゃない。泥棒は本当に入りたけりゃ入るもんだ。カギのないドアを試してみたくなる、おおかた正直な人たちから家を守るために、カギというものはあるのさ」

錠前屋の意見をじっくり考えたわたしは、たぶんそのとおりなのだろうと思うようになった。何も九八％の人が不道徳だとか、チャンスがあれば必ずごまかしをするなど言うつもりはない。単に、わたしたちは正しい道を踏み外さないために、ちょっとした戒めを必要としているのだろうということだ。

ごまかしを減らすには

さてつじつま合わせ係数のはたらくしくみと、係数を大きくする方法はわかった。わたしたちは次の段階として、つじつま合わせ係数を小さくして、ごまかしを減らせるかどうかを調べることにした。ちなみにこのアイデアも、ちょっとしたジョークから生まれたものだ。

ある日見るからに落ちこんでいる男が、師《ラビ》のところに行ってうったえた。「師よ、わたしに何が起きたか、信じられますまい！　先週、礼拝堂にとめておいた自転車を盗まれてしまいました！」

師はこれを聞いてとても憤慨したが、しばし考えてから、男に知恵を授けた。「来週礼拝に来たら、一番前の列に座るのじゃ。みんなで十戒を唱えるときになったら、うしろをふり返って、座っている者たちを見るがいい。『なんじ盗むべからず』のところに来て、お前さんの目をまともに見られない者がいたら、それがお尋ねの者じゃよ」。師は自分の提案にいたく満足し、男も喜んで帰っていった。

次の礼拝が来ると、師は助言がうまくいったかどうか、知りたくてたまらなかった。師は礼拝堂の出入り口のところで男をつかまえて尋ねた。「それで、どうだったかの？」「魔法のように効きましたよ」と男は答えた。「『なんじ姦淫するべからず』のところに来たら、自転車をどこに置いたか、はたと思い出しました」

道徳規範（たとえばモーセの十戒など）を思い出し、意識することが、自分自身の行動に対する認識に影響をおよぼすかもしれないことを、この小さなジョークは教えてくれる。

ニーナとオンとわたしは、ジョークの背後にある教訓にヒントを得て、カリフォルニア大学ロサンゼルス校（UCLA）で実験を行なうことにした。まず集まってくれた四五〇人の協力者を、二つのグループに分けた。半数の人には、十戒をできるだけ思い出して書いてもらい、それから例の数字探し課題でごまかしをするよう誘惑した。残りの半数には、高校のときに読んだ本の題名を一〇冊思い出してもらってから、数字探し課題とごまかすチャンスを与えて野に放った。結果どうなったか？　一〇冊の本を思い出したグループには、例によって全体的にわずかなごまかしが見られた。だがこれに対して十戒を思い出すように言われたグループでは、ごまかしはいっさい行なわれなかった。しかも十戒を全部思い出せた人は、一人もいなかったのにだ。

これはとても興味をそそる結果だった。単に道徳規範を思い出そうとするだけでも、道徳的な行動を促す効果があるようだ。そこでこの効果を調べる別の試みとして、無神論者を名乗る人たちを集めて、聖書に手を置いて宣誓してもらってから、数字探し課題で報酬を余分に請求するチャンスを与えた。さて、無神論者はどうしただろう？　彼らは、聖書で言う「まっすぐで細い道」を外れなかったのだ。

これらの道徳心を呼び起こす実験は、人に自分の倫理基準を思い出させるものを与えれば、ごまかしをしようとする意欲と傾向を弱められる可能性を示している。とは言え、正直な行動を促すしくみとして、十戒と聖書を用いる方法がたとえ有効だったとしても、ごまかしを減らす手段として宗教的信条を社会全体に導入するのは、あまり現実的ではない（し、教会と国家の分離原則に反する）。わたしたちはつじつま合わせ係数を小さくするための、もっと一般的で現実的、かつ非宗教的な方法がないだろうかと、頭をひねった。そして、多くの大学がすでに導入している、倫理規定を試すことにした。

倫理規定の有効性を調べるために、ＭＩＴとイェール大学の学生に集まってもらった。そして数字探し課題でごまかしをするチャンスを与える前に、半数の学生にこんな文面の倫理規定に署名してもらった。「わたしはこの実験が、ＭＩＴ／イェール大学倫理規定のもとに行なわれることを承知しています」。結果はどうだったか。署名を求められなかった半数の学生は、少々ごまかしをした。ところが規定文面に署名したＭＩＴとイェールの学生は、まったくごまかしをしなかったのだ。しかもどちらの大学にも、実際には倫理規定が存在しなかった（これは無神論者を名乗る人たちに、聖書宣誓が与えた影響に少し似ている）。

トイレットペーパー泥棒

数年前、カリフォルニア大学バークレー校に通う、ロンダという女性から手紙をもらった。彼女は家で起きた問題を、倫理心を呼び起こすことで解決したという。ロンダはキャンパスの近くに一軒家を借りて、それまで見知らぬ同士だった何人かとシェアして住んでいた。毎週末掃除の人が来て、二つあるトイレにトイレットペーパーを補充してくれた。ところが月曜には、もうどちらのトイレからもトイレットペーパーがなくなっていた。いわゆる「共有地の悲劇」の問題だ。だれかが自分の公正なとり分以上のトイレットペーパーを貯めこんだために、全員の共有資源が破壊されたわけだ。

わたしのブログで十戒の実験を読んだロンダは、こんな実験をしてみた。二つのトイレの一方だけに、トイレットペーパーはみんなのものなので、もっていかないでくださいという貼り紙をしたのだ。彼女が大いに満足したことに、数時間後にトイレットペーパーが一巻き現われ、翌日になるともう一巻き戻ってきた。だが貼り紙をしなかったトイレは、週末に掃除の人が来るまで、トイレットペーパーがないままだったという。

この小さな実験は、倫理基準を保つうえで――またこの例で言えば、ペーパーのあるトイレを維持するうえで――ちょっとした戒めがどんなに効果が高いかを示している。


さて、倫理規定のない大学で、倫理規定を用いることに効果があることはわかった。では厳格な倫理規定が現に存在する大学ではどうなのだろう？　学生はいつもあまりごまかしをしないのだろうか？　それとも、倫理規定に署名をしたときに限って、ごまかしを控えるのだろうか？　ありがたいことに、わたしが当時滞在していた高等研究所を擁するプリンストン大学は、このアイデアを試すのにうってつけの実験場だった。

プリンストン大学には、一八九三年から厳格な自主管理制度が存在する。新入生は倫理憲章の写しと、倫理規定に関する倫理委員会からの手紙を受けとり、これに署名して初めて入学を許可される。入学した最初の週には、倫理規定の大切さについての話し合いに参加するよう義務づけられる。新入生は講演を聞いてから、所属する寮の指導生のグループと、この制度について話し合う。そしてこれでもかとばかりに、キャンパスのミュージカル劇団トライアングル・クラブが、新入生のために「倫理規定の歌」を高らかに歌いあげるのだ。

学生はプリンストンを卒業するまで、ことあるごとに倫理規定を思い出させられる。大学に提出するすべての論文の末尾に、倫理規定の文言を入れて署名する（「本論文は、わたし自身が大学規則にもとづいて作成したものです」）。また試験やテスト、小テストを受けるたび、別の誓約書に署名し（「わたしは試験中、倫理規定に違反しなかったことを、名誉にかけて誓います」）、倫理委員会から半年おきに、倫理規定を思い出させる電子メールを受けとる。

プリンストンの道徳集中講座の長期的な効果を調べるために、わたしは新入生が倫理研修を終えてから二週間たつのをじっと待った。それから彼らに、（倫理規定もなく、学問的誠実さに関する一週間の講座もない）ＭＩＴとイェールの学生と同じチャンスを与えて、ごまかしをするよう誘惑したのだ。倫理規定漬けになってからまだ日が浅いプリンストンの学生は、数字探し課題を終えたあとで、より正直な行動をとっただろうか？

悲しいかな、そうではなかった。プリンストンの学生は、規定に署名をするよう求められたときは、少しもごまかしをしなかった（ＭＩＴとイェールの学生と同じだ）。だが倫理規定への署名を求められなかったときは、ＭＩＴとイェールの学生とまったく同じだけのごまかしをしたのだ。道徳性に関する集中講座や啓蒙活動、そして倫理規定の存在は、どうやらプリンストンの学生の道徳心に永続的な影響をおよぼさなかったようだ。

これらの結果にはがっかりさせられた反面、ほっとした面もあった。がっかりした面としては、人の行動を変え、倫理観を高めるのは並大抵のことではなく、道徳の集中講座だけでは限界があるように思われる（効果が薄いのは、企業や大学、ビジネススクールなどで実施されている倫理研修の多くも同じではないだろうか）。より一般的に言うと、倫理性に関する限り、文化を長期的に変えるのが相当難しいことを、この結果は示している。

よい面に目を向けると、わたしたちは倫理基準を思い出させられるだけで、より高潔な行動をとるようになる。さらによいこととして、倫理規定に署名を求める方法は、不正行為が明確かつ重大な代償を伴う場合（プリンストンでは除籍処分を伴うこともある）と、具体的な代償を伴わない場合（ＭＩＴやイェールなど）の、どちらにも効果がある。ありがたいことに、人は正直でありたいと思っているようだ。そういうわけで、不正直なことをしたくなるような状況に、道徳心を呼び起こすものをくみこむのは、得策かもしれない。*

ミドルテネシー州立大学のある教授が、ＭＢＡ学生の不正行為にほとほといや気がさして、もっと過激な倫理規定を使ってみようと思い立った。トーマス・タンは、わたしたちの十戒の実験と、それが正直さにおよぼした影響にヒントを得て、試験中は不正行為をしませんと明記した倫理規定に署名するよう、学生に求めた。この倫理規定には、不正行為をした者は「一生後悔し、地獄に堕ちるであろう」と書き添えられていた。

学生たちは必ずしも地獄を信じていたわけでも、自分が地獄に堕ちると思っていたわけでもなかったが、それでも憤慨した。倫理規定は大変な物議を醸し、タンは案の定、規定を撤回するよう圧力をかけられた（結局「地獄」抜きの、もとの倫理規定に戻させられた）。

この過激な倫理規定は短命に終わったものの、それでも学生には効果てきめんだったのではないかとわたしは思っている。それに学生の憤慨は、この種の誓約がとても効果が高いことの裏返しではないだろうか。将来のビジネスマン、ビジネスウーマンは、自分がとても大きなリスクを冒していることを、いやでも意識させられたはずだ。そうでなければ、あそこまで気にしたはずがない。あなた自身、こんな誓約書に署名するのに、どれだけ違和感を覚えるだろう？　署名したことであなたの行動は変わるだろうか？　また、経費報告書に記入する直前に、署名を求められたら、どうだろう？

＊道徳心を呼び起こすものを使うにあたっての重要な問題点の一つは、人がやがてこういった倫理規定に署名するのに慣れてしまい、効果が失われてしまうのではないかということだ。そこで、自分なりの倫理規定を書いてもらえばいいのではないかと考えた。そうすれば署名するとき、道徳性について考えざるを得なくなり、その結果、より道徳的な行動をとるようになるはずだ。

宗教的戒め

宗教学者は、正しい行動を促す手段として宗教的象徴を用いる可能性を、当然抜かりなく研究している。ユダヤ教の律法タルムードにも、こんな話がある。ある信心深い男が、どうしても女を抱きたくなって、売春婦のところへ行った。もちろん彼の宗教では許されないことだが、もっと差し迫った必要に迫られていたわけだ。男は売春婦と二人きりになったとたん、服を脱ぎ始めた。シャツを脱いだとき、ツィーツィートという、結び目のある房飾りが四隅についた自分の下着が目に入った。ツィーツィートを見た男は、はっとわれに返ってミツバー（宗教上の義務）を思い出し、急いで回れ右をして部屋を出て行った。おかげで、宗教的規範を破らずにすんだ。

国税庁での冒険

このように倫理規定は、学内でのごまかしを減らすのに有効だとわかった。だがこの種の戒めは、ほかの種類のごまかしや、大学以外の環境にも効果があるのだろうか？　たとえば確定申告や保険金の請求などでのごまかしを防ぐのにも役立つだろうか？　リサ・シユー（ハーバード大学博士課程の学生）、ニーナ・メイザー、フランチェスカ・ジーノ（ハーバード大学准教授）、マックス・ベイザーマン（ハーバード大学教授）とわたしは、これを調べることにした。

わたしたちはまず例の標準的な数字探し実験に少し手を加えて、確定申告にちょっと似せてみた。実験協力者は数字探し課題を解き、シュレッダーで破棄してから、確定申告用紙をまねた用紙に正答数を書きこんだ。本物の申告用紙に記入しているような気分をさらに高めるために、「本実験に関わる収入は二〇％の税率で課税されます」とまで明記した。用紙の第一部では「収入」（正答した問題の数）を報告するようになっていた。その下に交通費の記入欄があり、移動時間一分につき一〇セント（二時間、一二ドルを上限とする）と、交通費の実費（上限一二ドル）が支払われることになっていた。支払いのこの部分は、（企業での経費と同様）非課税とした。協力者はそれからすべての金額を足し合わせて、最終的な総支払い額を計算するよう指示された。

この実験には、条件が二つあった。一部の協力者は、用紙に最初から最後までもれなく記入したあとで、公的文書でよくあるように、一番下に署名した。この署名には、用紙に記入された情報が正しいことを証明するという意味合いがあった。これに対して二つめの条件では、まず用紙の最上部に署名をしてから、必要事項を記入した。これが「道徳心を呼び起こす」条件だ。

結果、何がわかったか？　最後に署名する条件の協力者は、実際の得点に四問ほど水増しした数を申告した。では最初に署名した人たちはどうだったか？　署名が道徳心を呼び起こす役割を果たしたとき、協力者は一問しか水増ししなかったのだ。あなたがこの一問しか増やさなかったという事実を、どう思うかはわからない。どのみちごまかしをしたことに変わりはない。しかし、二つの条件の唯一の違いが、署名欄の位置だったことを考えると、この方法は不正を減らす方法として期待がもてそうだ。

この確定申告書ふうの用紙では、交通費の請求額についても調べることができた。協力者が実際に交通に要した時間はわからないが、協力者がランダムにふり分けられたため、二つの条件で移動時間がそう変わらないはずだと考えれば、どちらの条件の協力者が交通費を多めに請求したかがわかる。ふたを開けてみると、交通費の請求にも同じパターンが見られた。用紙の下部に署名する条件では、交通費の請求額が平均で九ドル六二セントだったのに対し、道徳心を呼び起こす（上部に署名する）条件では、平均五ドル二七セントだった。

人は何かの誓約書に署名すると（少なくとも短期的には）より正直な気分になるという証拠を得たわたしたちは、国税庁（ＩＲＳ）へと足を向けた。アメリカ政府は税収を増やす方法を喜んで聞いてくれるはずだと思ったのだ。国税庁とのやりとりは、こんなふうに進んだ。

わたし　納税者が用紙にすべての情報を記入し終えたときには、もう手遅れなんです。ずるはすっかり終わってる。「これに署名したら、もう一度最初に戻って、正直に記入し直そう」なんて、だれも思いやしません。いいですか？　用紙に必要事項を記入する前に署名をさせれば、ずるが減るんです。必要なのは、用紙の一番上に署名欄をつくることです。そうすれば、正直に記入しなくてはいけないことを、だれもが思い出しますよ。

ＩＲＳ　ああ、それはおもしろいですね。でも用紙の上部に署名を求めるのは、法律違反になります。署名は、記入された情報が正確であることを確認するためのものですから。

わたし　じゃ、二回署名させたらどうです？　上で一回、下で一回。そうすれば上の署名は誓約の役割を果たし、愛国心や道徳心、母親、国旗、それにお手製のアップルパイなんかを思い出させる呼び水になる。下の署名は、確認のためにしてもらえばいい。

ＩＲＳ　それじゃ、ややこしいですね。

わたし　最近、税法や納税申告用紙に目をとおされましたか？

IRS　（反応なし）

わたし　なら、こういうのはどうです？　申告用紙の最初の項目で、汚職撲滅の特命チームに二五ドル寄付しませんかと呼びかけるんです。納税者はどう答えるにせよ、この質問をとおして、自分が正直さについてどういう立場をとるのか、社会にとって正直さがどれだけ大切なのかを、いやでも考えさせられる！　それに特命チームに寄付をすれば、自分の意見をただ表明するだけでなく、自分の決定にお金を投資することにもなるから、ますます自分の信義にしたがって誠実に行動しようとするでしょう。

IRS　（冷たい沈黙）

わたし　この方法にはもう一つ、興味深いメリットがありますよ。特命チームへの寄付を拒んだ納税者にフラグを立てて、税務調査に入ればいいんです！

IRS　あなたほんとに税務調査の話がしたいんですか？*

国税庁からはこんな反応しか得られなかったが、わたしたちは希望を捨てずに、その後も「上部に署名」のアイデアを試す機会を探し続けた。そしてある大手損害保険会社に話をもちかけたとき、やっと（そこそこ）色よい返事をもらえた。この会社は、「大多数の人がちょっとだけごまかしをする」というわたしたちの実証ずみの仮説を、そのとおりだと言ってくれた。はなはだしい不正行為(たとえば放火や狂言強盗など)をする人はごくわずかだが、財産損失を被った人たちの多くは、損失を一〇%から一五%ほど上乗せすることに、何の違和感も覚えないようだという。三二インチのテレビが四〇インチになり、一八金のネックレスは二二金に化けるというわけだ。

わたしは保険会社の本部に足を運んで、重役陣と一日がかりで保険の不正請求を減らす方法を出し合った。いろんなアイデアが出た。たとえば、顧客は損害をごく具体的に申告し、よりくわしい情報(どこでいつ購入したか)を提出するよう求められたら、道徳を曲げにくくなるだろうか? 洪水で家を流された夫婦には、損害について二人で意見をまとめてから申告してもらったらどうだろう(ただし、第八章「感染症としての不正行為」と第九章「協働して行なう不正行為」で見ていくように、この方法は逆効果を生むことがある)。電話の保留音に宗教音楽を使うのは? そしてもちろん、請求書の一番上か、一つひとつの申告品目の隣に、署名欄を設けたらどうか?

大企業ではよくあることだが、わたしの会った人たちは、アイデアを弁護士のところにもっていった。六カ月待って、やっと弁護士から返事が来た。どの方法も、わたしたちに

＊実を言うと、わたしはこの数年後に国税庁に税務調査に入られた。あれは長くつらいが、非常に興味深い経験だった。ちなみに、このときの会合とは何の関係もないはずだと、わたしは信じている。

試させるつもりはないという。

何日か後、保険会社の担当者が電話をかけてきて、アイデアを一つも試せなくて申し訳ないと謝ってくれた。そしてそれはあまり重要でない自動車保険の記入用紙があるから、それを実験に使わせてくれるという。顧客が現在の走行距離を申告するための用紙で、保険会社はこれをもとに、顧客の過去一年間の走行距離を計算する。当然、保険料を低く抑えたい人（わたしが知っているだけでも大勢いる）は嘘をついて、走行距離を少なめに申告したい誘惑に駆られるだろう。

保険会社が用紙を二万枚もくれたので、これを使って上部に署名する方式と、下部に署名する方式を試すことにした。もとの用紙には、「ここに記入した内容が真実であることを約束します」という文言と署名欄が下部にあったので、半分はそのまま使った。残りの半分は、文言と署名欄を上部に移した。それ以外の点では、二種類の用紙はまったく同じだった。わたしたちは用紙を二万人の顧客に郵送して、しばらく待った。用紙が返送され、二種類の用紙で申告された走行距離を比較する準備が整った。さて何がわかっただろう？

過去一年間の走行距離を計算したところ、上部に署名した人たちが平均二万六一〇〇マイル（約四万二〇〇〇キロ）走行したのに対し、下部に署名した人たちは平均二万三七〇〇マイル（約三万八一〇〇キロ）と、その差は約二四〇〇マイル（三九〇〇キロ）にもなった。ちなみに、上部に署名した人たちの実際の走行距離がわからないので、彼らがまったく嘘をつかなかったかどうかはわからない。それでも、彼らの方がごまかしの程度がずっと少なかったことはわかる。もう一つ興味深いことに、ごまかしの減少幅（申告された総走行距離の約一五％）は、研究室の実験で見られたごまかしの減少率に近かった。

これらの実験結果を考え合わせると、署名は一般に情報を確認する手段と考えられているが（そしてこの手段として大いに効果があるのは間違いないが）、用紙の上部に署名を求めることは、道徳心が薄れないようにする予防薬としてもはたらくことがわかる。

企業はつねに合理的だ！

個人が不合理な行動をすることはあっても、専門的経営者によって営まれ、取締役会を置いているような営利企業は、つねに合理的に運営されていると思っている人が多い。わたし自身はそんなふうに思ったこともないし、企業とのつき合いが増えるにつれて、企業は個人に輪をかけて合理性に欠けていると、ますます思うようになった（それに、企業を合理的だなどと思うのは、企業の取締役会を一度も覗いたことがない人だと、ますます確信するようになった）。

わたしたちは、この用紙を使えば走行距離をもっと正直に申告してもらえることを、保険会社に証明したわけだが、結果どうなったと思う？　保険会社は大喜びで従来の方法を改めただろうか？　とんでもない！　または、損害額の過大請求という、それよりずっと深刻な問題を調べてほしいと要請（いや懇願）してきたと、あなたは思うだろうか（ちなみにこの問題は、保険業界に年間二四〇億ドルの損失をもたらすと推定されている）。そう、お察しのとおり、だれ一人電話をかけてこなかったのだ。

教訓

社会の犯罪を減らす方法は、と尋ねると、警官を増員配備して、違反者に厳罰を科せばいいと、たいていの人が答える。企業のＣＥＯに、社内の窃盗や不正、経費の水増し請求、怠業《サボタージュ》（従業員が、自分には何の具体的なメリットもないのに、雇用主に損害を与えるような行為をすること）といった問題への対策を尋ねると、監視強化と容赦ない厳罰という答えが返って来ることが多い。また政府は汚職を減らし、正直な行動を促すための規制を設けようとするとき、社会の悪を正す施策として、たいてい透明性（「公開主義」とも呼ばれる）を推進する。当然だが、こうした解決策のどれ一つとして、効果があるという証拠はほとんどあがっていない。

それにひきかえここで説明した実験は、誘惑を感じたその瞬間に道徳規範を思い出させるという単純な方法が、不正行為を減らすのに絶大な効果があること、また完全に阻止する可能性を秘めていることを示している。この手法は、わたしたちの信念体系にくみこまれていない道徳規範を用いる場合でも、ちゃんと効果がある。実際、道徳心を呼び起こすものを使うと――少なくとも短時間は――より正直な行動を比較的とりやすくなることははっきりしている。納税申告書に記入する直前に、会計士に倫理規定への署名を求められたら、また冠水した家具について、ありのままの事実を申告することを保険の担当者に宣誓させられたら、税金逃れや保険詐欺は起きにくくなるはずだ。*

これらすべてをどう考えたらいいだろう？　第一に、不正の動機となるのは、主に個人のつじつま合わせ係数であって、ＳＭＯＲＣではないことを認めるべきだ。犯罪を減らすには、人が自分の行動を正当化する、その方法を変えなくてはいけないことを、つじつま合わせ係数は教えてくれる。利己的な欲求を正当化する能力が高まると、つじつま合わせ係数も大きくなり、その結果、不品行や不正行為をしても違和感を覚えにくくなる。また逆も言える。自分の行動を正当化する能力が低くなれば、つじつま合わせ係数は小さくな

*この方法は、政府や保険会社をことさら嫌う人たちには、効果はないとは言わないまでも、多少軽減されるかもしれない――これは今後調べる価値のある問題だ。

り、不品行やごまかしに違和感をもちやすくなる。この観点から、世のなかの望ましくない行動――銀行の不正な慣行から、株式オプションのバックデート操作やローンの踏み倒し、税金のごまかしまで――について考えると、正直さと不正直さが、合理的な計算では割り切れないものだということがわかる。

もちろん、だからこそ不正が起きるしくみは非常に理解しにくく、不正を阻止するのは至難のわざだと言える。だがそれだけに、正直さと不正直さの複雑な関係を解明することは、実に刺激的な冒険だとも言えるのだ。

第二B章　ゴルフ

所得税の申告のせいで、アメリカにはゴルファーの数以上の嘘つきが生まれている。
——ウィル・ロジャース、アメリカのユーモア作家

映画「バガー・ヴァンスの伝説」にこんなシーンがある。マット・デイモン演じる伝説のゴルファー、ラナルフ・ジュナは、ゴルフの腕をとり戻そうと奮闘するが、大きなミスショットを打って、ボールを林に入れてしまった。ようやくボールをグリーンに戻し、ショットの邪魔にならないようにボールの周りの小枝をとり払おうとするうち、ボールがほんの少しだけ動いてしまう。ルールでは、ボールを動かすと一打罰が科される。だがルールを無視すれば、優勝してカムバックを果たし、かつての栄光をとり戻せるかもしれない。助手の少年は、ボールが動いたことには気づかなかったことにしようと、泣きながらジュ

ナに訴える。「わざとやったわけじゃない」と助手は言う、「もともとつまんないルールじゃないか。それに、だれにもわからないよ」。ジュナは彼に向き直り、毅然として言い放つ。「いや、俺にはわかる。それにお前にもだ」

ジュナの対戦相手までもが、ボールはふらついたが元の位置に戻ったとか、光の具合でボールが動いたように見えただけだとかばってくれたが、ジュナはボールは転がったと言って譲らなかった。結局、試合は名誉ある引き分けに終わった。

このシーンは、一九二五年の全米オープンで起きた実際のできごとをもとにしている。名ゴルファー、ボビー・ジョーンズは、ラフのなかでアドレスしたとき、ボールをほんの少しだけ動かしてしまったことに気づいた。だれも見なかったし、知るはずもなかった。それなのに彼は自分に一打罰を科し、結果として優勝を逃したのだ。この行ないが人々の知るところとなり、報道陣が殺到すると、彼は絶対に記事にしないでくれと言って、こう切り捨てたという。「そんなのは、銀行強盗しなかったからといってほめられるようなもんだ」。この崇高なまでの正直さの伝説的瞬間は、いまなおゴルフ愛好家の語り草となっているが、それにはもっともな理由がある。

わたしに言わせれば、このシーンは――映画でも現実でも――ゴルフのロマンチックな理想をとらえている。それは自らと対峙する人間の姿を、そして人間の技術と崇高さを象徴しているのだ。ゴルフが企業倫理のたとえに使われることが多いのは、たぶんこうした自力本願や自己監視、高い道徳規範という性質を備えているからなのだろう（もちろん、多くのビジネスマンがゴルフコースで非常に長い時間を過ごしているという理由もあるが）。ゴルフには、ほかのスポーツと違って、ルールが守られていることを確認したり、疑わしい状況で判定を下したりする、レフェリーやアンパイア、審判団がいない。ゴルファーはビジネスマンと同じで、何が受け入れられるか、受け入れられないかを、自分で判断する必要がある。ゴルフでもビジネスでも、仕事を監督しチェックする人がほかにいない場合がほとんどだ。現に、ゴルフの三つの基本ルールとは、ボールはあるがままにプレーせよ、コースはあるがままにプレーせよ、どちらもできない場合は、フェアなことをせよ、というものだ。だが何をもって「フェア」とするかは、だれもが知っているとおり、判断が難しい。実際、小枝をとり払おうとしてボールにうっかり触れてしまったのを一打とカウントしないことを、「フェア」と判断する人も多いだろう。むしろ、ボールがたまたま動いたためにペナルティを科されれば、かなりアンフェアに感じられるかもしれない。

ゴルファーはとかくゴルフの崇高な伝統を強調するが、多くの人はゴルフに対して、ウィル・ロジャースと同じような見方をしているのではないだろうか。つまり、だれをも嘘つきにしてしまうスポーツだ。これはよく考えてみると、そう驚くべきことではない。ゴルフでは、プレーヤーはちっぽけなボールを長距離飛ばし、数々の障害物を避けながら、ほんの小さな穴に入れなくてはならない。言いかえれば、とんでもなくいらだたしい、厄介なスポーツなのだ。そのため自分で自分の成績を評価するとなれば、ルールを適用する際に手加減しがちになるのも無理はない。

というわけで、わたしたちは不正について理解を深めるべく、国内のあまたのゴルファーたちに目を向けることにした。二〇〇九年に、当時デューク大学の学部生だったスコット・マッケンジーとわたしとで、ある調査を行なった。数万人のゴルファーを対象に、ゲームをプレーする方法と、そして何よりごまかしをする方法について、アンケートを実施したのだ。調査協力者には、だれも見ている人がおらず（ゴルフではよくあることだ）、ルールにしたがうか、したがわないかを自分で判断することができ、どんな判断を下しても悪影響がまったくない、そんな状況を想定してもらった。ゴルフコースを運営する企業の協力を得て、アメリカじゅうのゴルファーに電子メールを送り、高級ゴルフ用品の懸賞をつけて、調査への協力を呼びかけた。一万二〇〇〇人ほどのゴルファーが調査に応じてくれ、次のような結果を得た。

ボールを動かす

「想像してください」とわたしたちは協力者に質問した。「平均的なゴルファーがボールに近づいたところ、いまの場所から一〇センチほど離れた場所にボールを移すと、非常に有利になることがわかりました。さて平均的なゴルファーが、ボールを一〇センチ動かす可能性は、どれくらいあると思いますか？」

この質問には三つのバージョンがあり、ボールのまずい位置を改善する方法として、それぞれ別の手段が使われた（ちなみに英語ではボールの位置を表わすゴルフ用語が、嘘と同じ「ライ」なのは奇遇だ）。平均的なゴルファーは、次の方法でボールを動かすことに、どれだけ違和感を覚えると思いますか？　（一）クラブを使って動かす、（二）靴で蹴って動かす、（三）ボールを拾いあげて一〇センチ離れた場所に置き直す。

この「ボールを動かす」質問群のねらいは、ゴルフでも、それまでの実験と同じように、不正行為からの距離によって、不道徳な行動をする傾向が変わるかどうかを調べることにあった。もし距離が、前に説明したトークン実験（第二章「つじつま合わせ仮説」を参照のこと）におよぼしたのと同じ影響を与えるなら、ごまかしが行なわれる可能性が最も低いのは、ボールが明らかに自分の手で動かされる場合と予想される。ボールの移動が靴によって行なわれるとき、ごまかしの可能性は高まり、そして不正行為からの距離が最大となるとき、つまり、移動が道具（ゴルフクラブ）を介して行なわれ、プレーヤーがボールと直接接触しないとき、ごまかしが行なわれる可能性は最も高くなるはずだ。

結果、ゴルフでの不正もほかの実験と同様、不正行為からの心理的距離に直接影響されることがわかった。不正行為との間にたくさんの段階があると、ごまかしをするのがずっと簡単になる。回答者は、クラブでボールを動かすのを最も簡単と感じ、平均的なゴルファーがこれを行なう可能性は二三％と答えた。次に高かったのがボールを蹴る場合で（一四％）、手でボールを拾いあげて動かす方法を、ボールの位置を改善する方法のなかで、最も道徳的に難しいと感じた（一〇％）。

この結果から何がわかるだろう？　ボールを手で拾いあげて位置を修正すれば、その行為の意図性と故意性に目をつむれなくなり、そのため自分が倫理に反することをしたと感じずにいられない。靴でボールを蹴るときは、行為との距離が少しあるが、それでも蹴るのは自分だ。ところがボールを叩くのがクラブなら（とくに、偶然あたったかのように無造作にボールを動かせば）、自分の行ないを比較的簡単に正当化できる。「どっちみち」と自分に言い聞かせる、「ボールがあそこにたどり着いたのは、何らかの運が作用していたんだろうよ」。そういう事情なら、ほぼ完全に自分を許すことができる。

マリガン

言い伝えによると、一九二〇年代にデイビッド・マリガンというカナダ人ゴルファーが、モントリオールのカントリークラブでプレーしていた。ある日彼はティーショットを打ったが、気に入らなかったので、再度ティーアップして打ち直した。彼はこれを「訂正ショット」と称したが、仲間は「マリガン」の呼び名がふさわしいと考え、これがゴルフの

「打ち直し」を指す公式用語として定着したという。

最近では、とんでもなくひどいショットは、「マリガン」として帳消しにして、ボールを元の位置に戻し、ショットをなかったことにしてスコアをつけることもある（友人の一人は、夫の前妻を「マリガン」と呼んでいる）。厳密に言うと、マリガンはけっして許されないが、仲間うちのコンペなどでは、マリガンを認めることを事前にきめておく場合もある。そしてもちろんゴルファーは、マリガンが認められず、同意も得ていないときにも、マリガンを打つことがある。次の質問群では、この反則マリガンをとりあげた。

反則マリガンをほかのプレーヤーに気づかれずに打てるとき、ふつうのゴルファーが打つ可能性がどれくらいあるかを、協力者に考えてもらった。この質問群の一問めでは、一番ホールで反則マリガンを打つ可能性を、二問めでは九番ホールで打つ可能性を尋ねた。

ちなみに、ルールではこの二つの行為は区別されておらず、どちらも同じように禁じられている。それでも、一番ホールの方が、九番ホールより打ち直しを正当化しやすいように感じられる。一番ホールにいる人が打ち直しをする場合、「いまから本当にゲームを始めるから、ここからすべての打数をカウントするぞ」というふりをすればいい。ところが九番ホールだと、どうあがいてもまだゲームが始まっていないふりはできない。つまりマリガンを打てば、自分が一打数えなかったことを、いやでも認めざるを得なくなるのだ。

前の実験から自己正当化についてわかったことをもとに予想したとおり、二つのケースで、マリガンを打つ可能性は大きく異なった。ゴルファーたちの考えでは、一番ホールで平均的な人がマリガンを打つ可能性は平均四〇％、これに対して九番ホールでは（わずか？）一五％だった。

ファジーな現実

三つめの質問群では、ゴルファーがパー5のホール（うまいプレーヤーが五打でカップインできるホール）で六打叩いてしまった状況を想定してもらった。一問めでは、平均的なゴルファーがスコアカードに「6」ではなく、「5」と記入する可能性がどれくらいあるかを尋ねた。二問めでは、スコアカードには正直に「6」と記入するが、点数を足し合わせるときに「6」ではなく「5」として計算し、結果的に同じだけのごまかしをする可能性を答えてもらった。

わたしたちがここで知りたかったのは、最初から間違ったスコアを記入する方が、正当化しやすいかどうかだ。いったんスコアを記入してしまうと、足し算のごまかしを正当化するのは、（手でボールを動かすのと同じで）難しく感じられる。何と言っても足し算をごまかすのは、合理的に説明するのが難しい、明らかで意図的なごまかしだ。実際、そのとおりの結果が出た。ゴルファーの予想では、こういう状況で平均的なゴルファーが実際よりよいスコアを記入する可能性は一五％、そして計算をごまかす可能性は、それを大きく下回る五％だった。

偉大なゴルファー、アーノルド・パーマーのこんな名言がある。「どんな人のスコアも五打よくする秘訣がある。消しゴムだ」。しかし、大多数のゴルファーはこの方法をとりたがらないか、せめて最初からスコアをごまかして記入する方が、同じごまかしでも違和感をもちにくいようだ。そんなわけで、おなじみの「もし森のなかで一本の木が倒れ、それを聞いた人が周りにいなかったとしたら、音がしたと言えるだろうか」ふうの、答えの出ない質問をさせてほしい。「ゴルファーがパー5のホールで六打めを叩いたが、スコアが記録されず、目撃した人もいなかったとしたら、彼のスコアは6だろうか、それとも5だろうか？」

スコアをこの方法で偽るのは、「シュレディンガーの猫」と呼ばれる、古典的な思考実験に通じるものが多い。エルヴィン・シュレディンガーというオーストリア人の物理学者が、一九三五年にこんなパラドックスを提起した。スチール製の箱に猫を一匹と、放射性同位元素を入れて密封する。元素は崩壊するかもしれないし、しないかもしれない。崩壊すれば、一連のしかけが発動して、確実に猫の死を招く。崩壊しなければ、猫は生き続ける。シュレディンガーのシナリオでは、箱が密閉されている限り、猫は生きているか死んでいるか、どっちつかずの状態にあり、生きているとも、死んでいるとも言えないことに

質問の種類	質問	ごまかしをする可能性	
		ほかのゴルファー	自分
ボールを動かす	クラブを使う	23%	8%
	靴で蹴る	14%	4%
	手で拾いあげる	10%	2.5%
マリガン	1番ホール	40%	18%
	9番ホール	15%	4%
スコア記録	書き間違い	15%	4%
	足し間違い	5%	1%

なる。このパラドックスのねらいは、「量子力学は客観的事実を説明せず、確率でしか表現し得ない」という、物理学の考え方を批判することにあった。ここでは物理学の哲学的側面はひとまず置いておくとして、シュレディンガーの猫の話は、ゴルフのスコアについて考えるうえで役に立ちそうだ。ゴルフのスコアは、シュレディンガーの「生きていて死んでいる」猫によく似ている。記入されるまでは、どちらのかたちでも、本当の意味では存在しない。記入されて初めて「客観的現実」という地位を得るのだ。

さて、あなたは不思議に思っているかもしれない。なぜわたしたちが協力者に、コースでの自分の行動ではなく、「平均的なゴルファー」について尋ねたのだろうと。そのわけは、協力者のゴルファーに、自分が倫理に反する行動をとる可能性を尋ねれば、たいがいの人と同じように嘘をつくだろうと思ったからだ。そこで他人の行動について尋ねれば、自分自身の問題行動を白状していると感じることなく、気軽に本当のことを言ってくれるだろうと考えたのだ。*

とは言え、ゴルファーが自分の行動について、どんな反倫理的行動を認めるかについても調べてみた。結果、「ほかのゴルファー」の多くがごまかしをしたのに対し、協力者自身はまるで天使のようだった。彼らに自分自身の行動について尋ねたところ、ライを改善するためにクラブでボールを動かす可能性でさえ、平均で八%でしかなかった。靴で蹴るのはさらにまれで（わずか四%）、手でボールを拾いあげて動かす可能性となると、ほんの二・五%だった。もちろん、八%、四%、二・五%でも十分大きな割合に思われるかもしれない（とくにゴルフコースにはホールが一八もあって、不正をする方法がほかにいくらでもあることを考えれば）。それでも「ほかのゴルファー」の行動と比べれば、かわいいものだった。

マリガンとスコア記録についての回答にも、同じような違いが見られた。協力者自身が

---

*たとえば何かきまりの悪いことが起きて、どうすればいいか人に相談するとき、自分ではなく、「友人」のために助言を求めるという、よくあるケースもこの一例だ。

一番ホールでマリガンをする可能性は一八％、九番ホールでは四％に過ぎなかった。また嘘のスコアを記入する可能性はわずか四％、そしてスコアの計算をごまかすという、えげつない行為に手を染める可能性はたったの一％だった。

結果を80ページの表にまとめた。

あなたがこの違いをどう受けとるかはわからないが、わたしには、ゴルファーがコースで大いにごまかしをするばかりか、自分の嘘までごまかしているように思える。

フェアウェイでの冒険から、何がわかっただろう？　ゴルフでのごまかしには、研究室での実験で見られた、ごまかしの微妙な心理のあやの多くが表われているようだ。自分の行動が不正行為の実行から離れているときや、わかりにくいとき、また正当化しやすいとき、ゴルファーは、世のすべての人たちと同じように、不正をしやすいと感じる。またゴルファーもほかの人たちと同様、不正をしながら自分を正直だと考える能力をもっているようだ。ではビジネスマンのごまかしについては、何がわかっただろう？　まあ何というか、ルールに解釈の余地があるときや、判断があいまいなグレーな領域があるとき、自分の成績を自分で評価するときには、不正をしやすくなるということだろうか。ゴルフのような高潔なゲームでさえ、不正の落とし穴になり得るのだ。

第三章　自分の動機で目が曇る

今度歯医者に行ったときのことを想像してほしい。あなたは医院に足を踏み入れ、受付係と軽く冗談を交わし、古い雑誌をパラパラめくりながら名前が呼ばれるのを待っている。しばらく来ない間に、医院には最新式の高価な歯科用機器が導入された。歯科CAD／CAM（コンピュータ設計／コンピュータ支援製造）システムといって、クラウンやブリッジなどの修復物を、患者に合わせて製作するための最先端機器だ。この機器の機能は二段階に分かれている。まず患者の歯と歯茎の立体画像をコンピュータの画面に映し出し、歯科医はこの画像を見てクラウン（などの修復物）の正確な形状を把握する。これがCADの部分だ。次がCAMの部分で、歯科医の設計をもとに、セラミック素材でクラウンを成形する。一式合わせると、この立派な機器は値の張る買いものになる。

さて話をあなたに戻そう。あなたは政治家の不倫騒動の記事を流し読みし、旬な女性アイドルの記事に移ろうとしたそのとき、受付係に名前を呼ばれる。「左から二つめのお部屋へどうぞ」

診察台にのぼると、歯科衛生士が軽い世間話をしながら、口のなかをしばらくつついて、クリーニングをしてくれる。そうこうするうちに、歯科医がやって来る。

歯科医も口のなかをつつき回すおなじみの手順をくり返し、歯を調べながら衛生士に何やら書きとらせる。三番と四番は要観察、七番にはクラック。

「はあ？　ふあっふ？」。口を大きく開け、吸引管で口の右側を引っ張られながら、あなたはもごもご言う。

歯科医は手を止めると、器具を口から外し、横に置いたトレーに注意深くのせる。それからいすに深く腰かけて、状況を説明し始める。「クラックというのはね、歯のエナメル質に小さなひびが入っている状態のことです。でも心配ありませんよ、すばらしい治療法があるんです。CAD／CAMを使ってあなたにぴったりのクラウンをつくれば、それで問題解決です。やってみますか？」

あなたはちょっとためらうが、まったく痛みはないと聞いて、やってみることにする。

何しろ歯科医にはむかしからお世話になっている。長年のうちには結構つらい処置もされたが、おおむねうまく治療してくれているようだ。

さてここで指摘しておきたいのだが——というのも、歯科医自身は言わないかもしれないからだ——クラックというのは、簡単に言えば歯のエナメル質のほんのちょっとしたひびで、ほとんどが無症状だ。クラックがあってもまったく気にならない人が多い。そんなわけで、クラックにはどんな処置も必要ないのが一般的だ。

ここで現実にあった話を紹介しよう。わたしの友人に、大手歯科用機器メーカーの副社長をしていた、ジムという男がいる。彼は長年の間にそれなりに変わった歯科の症例を見てきたが、そのなかでもわたしに話してくれたCAD／CAM物語は、とくに悲惨だった。CAD／CAM機器が発売されて数年たったころ、ミズーリ州のある歯科医が機器を購入した。その瞬間から、歯科医のクラックを見る目が変わったようだという。「とにかく何にでもクラウンをかぶせたがった」とジムは言う。「何が何でも自分の新ピカの機器を使いたくなって、すてきなほほえみを手に入れませんかと、大勢の患者にもちかけたわけさ。もちろん最新式のCAD／CAM機器を使ってな」

患者の一人に、無症状性のクラックのある、若い法学生がいた。歯科医はやはりクラウンを勧め、若い女性は素直にしたがった。何しろそれまでずっと歯科医の言うとおりにしてきたのだ。でも何が起きたと思う？　クラウンをかぶせたために症状が出て、その後神経が冒されたため、根管治療が必要になったのだ。だが話はそれで終わらない。根管治療は失敗し、やり直しが必要になり、二度めも失敗した。彼女はそのせいで、さらに複雑な

図2　利益相反が歯科医に与え得る影響

$$
歯科医は新しい（高価な）機器を購入し、費用を支払う。
歯科医は新しい機器を使って、患者から料金を徴収したい。
歯科医は新しい機器を使う理由を探す。
患者は新しい（場合によっては不要な）クラウンを処置される。

つらい手術を受けなくてはならなかった。何の害もないクラックを治療したばかりに、大きな痛みと金銭的コストを被る羽目になったのだ。

女性はロースクールを卒業後、調査をして、そもそも（何と！）クラウンが必要なかったことを知った。彼女は当然憤慨して歯科医を厳しく追及し、裁判にもちこんで勝訴したそうだ。

さて、この物語をどう考えればいいのだろう？　これまで学んできたように、問題のある行動、ときに人に害を与える行動をとるのは、何も心底腐った人だけとは限らない。まったくの善意で行動する人も、気まぐれな人間精神に足をすくわれて、えげつない行動をとってしまい、それでいて自分は善良で高潔だと信じていることがある。もちろん、ほとんどの歯科医は有能で思いやりがあり、誠意をもって仕事をしているのは間違いない。だが実際には、どんなに正直な専門家でも、かたよった誘因のせいで道を踏み外す

ことがあるのだ。

考えてみてほしい。歯科医が新しい機器の購入をきめるのは、患者によりよい医療を提供するのに役立てようと思うからこそだ。だがそれには大変なコストがかかる場合もある。歯科医は患者によりよいケアを提供するために機器を使おうとするが、その反面、すばらしい新技術の使用料を患者から徴収して、投資も回収したい。そこで歯科医は、意識的にせよ無意識にせよ、機器を利用できる機会を鵜の目鷹の目で探し、ほら、見つかった！　そんなわけで患者は、必要であろうとなかろうと、クラウンをかぶせられる。

はっきり言っておくが、わたしは歯科医が（またはその大多数が）患者の健康と自分のふところ具合とを天秤にかけて、明確な費用便益分析を行なっているなどとは言っていない。そうではなく、CAD／CAM機器を購入する歯科医のなかには、機器に大金を投資したという事実にとらわれ、機器を最大限活用しなくてはと考える人がいるということだ。この事情のせいで専門的判断が曇る結果、患者にとってベストなことをするのではなく、自分の利益になるような忠告や決定を行なってしまう。

このような、サービス提供者が二つの方向に引き裂かれる状況（一般に「利益相反」と呼ばれる）は、珍しいことだと、あなたは思うかもしれない。だが実のところ、利益相反はいたるところで、そしてかなり頻繁に、わたしたちの公私の行動に影響をおよぼしているのだ。

あなたの顔に入れ墨《タトゥー》をしてもいいですか?

しばらく前にちょっと変わった利益相反を経験した。このとき、わたしは患者の立場だった。二〇代半ばの若者だったわたしは——もとの怪我*をしてから六、七年後のことだ——定期検査を受けるために病院に戻った。まず何人かの医師に会って、具合を診てもらった。そのあとやけど病棟の医長に会ったのだが、彼はわたしに会えてやけに喜んでいるようだった。

「ダン、きみにぴったりの新しい処置があるぞ!」。彼はそう叫んだ。「ほら、きみはひげが濃くて黒いから、どんなに深剃りしても剃り跡が黒々と残るだろう? でも顔の右側には瘢痕があって、ひげは生えないし黒いポツポツもないから、顔が非対称に見える」

ここで彼は、美的、社会的理由から見た対称性の大切さについて、一席ぶった。彼がどんなに対称性を重く見ているかを、わたしは知っていた。何年か前にも似たような講釈を聞かされていたからだ。そのときは頭皮の一部を血管ごと顔に移植して、右の眉の右半分を再生するという、複雑な長時間の手術を勧められた(ちなみにわたしはこの一二時間にもおよぶ複雑な手術を受け、結果に満足していた)。

すると、医長はこんな提案をした。「きみのような顔の瘢痕に、無精ひげに似せた小さな点の入れ墨《タトゥー》を入れる処置を始めたんだよ。患者は結果にとても満足してくれている」

「それはよさそうですね」とわたしは答えた。「だれか処置を受けた患者さんに、話を聞けませんか?」

「悪いが、それはできないよ。医療の守秘義務の問題があってね」と彼は言った。そして代わりにと言って、患者の写真を見せてくれた。顔全体ではなく、入れ墨を施した部分だけの写真だ。顔の瘢痕はたしかに無精ひげのような黒い点々で覆われているように見えた。だがそのとき、あることに気がついた。「年をとって、白髪になったらどうするんですか?」

「ああ、それは問題ない」と彼は答えた。「そうなったら、レーザーで入れ墨を脱色すればいいよ」。そう言うと、彼は満足した様子で立ちあがり、こうつけ加えた。「明日九時にまた来なさい。顔の左半分だけをいつものように、自分の好きな剃り具合に剃ってね。そうしたら、右半分が同じに見えるような入れ墨を入れてあげよう。昼までには、いまより幸せで魅力的なきみになっていると保証するよ」

わたしは車で家に向かう間と、その日の残りを費やして、処置についてじっくり考えた。

＊わたしは一〇代の頃、そばにあったマグネシウム発煙筒が爆発して、体の広い範囲に第三度のやけどを負い、その後何年にもわたって多くの手術や治療を受けた。くわしくは前著を読んでほしい。

そうするうちに、この処置のメリットを十分に得るには、生きている間じゅうずっと、顔をまったく同じように剃り続けなくてはいけないことにも気がついた。次の日、わたしは医長の部屋に行って、処置を受けるつもりはないと伝えた。

すると、思ってもみなかったことが起きた。「きみは頭でもおかしくなったのか?」。医長はいきなり怒鳴った。「見た目が悪くてもいいって言うのか? 非対称な外見に、奇妙な喜びを感じているわけか? 女性がきみを気の毒に思って、同情して寝てくれるとでもいうのか? ごく簡単で優雅な方法で、きみの外見を直してやろうというんだ。なぜ文句を言わずに受け入れて、感謝しない?」

「わかりません」とわたしは言った。「ただ何だかしっくり来なくて。もう少し考えさせてください」

病棟の医長ともあろう人が、こんなにけんか腰でとげとげしくなるなんて、信じられないと思うかもしれない。だが言っておくが、これは本当に彼の口から出た言葉なのだ。とは言え、いつものわたしへの接し方とはあまりにも違っていたから、その有無を言わせないやり方には面食らってしまった。実際、彼は立派で献身的な医師で、それまですばらしい治療をしてくれ、わたしがよくなるよう、手を尽くしてくれていた。それにわたしが処置を断わったのは、このときが初めてではない。医療専門家たちとの長いつき合いのうちには、受け入れた処置もあれば、受け入れなかった処置もあった。だがくだんの医長を含めどの医師も、わたしに罪悪感を与えて治療を受けさせようとしたことは、それまで一度もなかった。

謎を解くために、彼の部下の副医長に相談に行った。わたしが親しくしてもらっていた、年若の医師だ。医長がどうしてこんなに圧力をかけるのか、彼に説明を求めた。

「ああ、なるほどね」と副医長は言った。「医長はこれまで二人の患者に処置をしているんだが、主要な医学雑誌に学術論文を発表するのに、患者がもう一人、どうしても必要なんだよ」

この新しい情報のおかげで、わたしは自分の前に立ちはだかる利益相反をよりよく理解することができた。医長は掛け値なしに優れた医師で、何年ものつき合いになるが、つねに思いやりと細心の注意をもって治療にあたってくれた。いつもわたしのことを気にかけてくれていたのに、このときに限っては、自分の利益相反のせいで目が曇ってしまったのだ。このように、利益相反は、いったんわたしたちの見方をかたよらせてしまうと、克服するのがとても難しくなることがわかる。

わたしは自分自身、学術誌に論文を発表するようになって何年もたってから、医長の利益相反をさらによく理解できるようになった（あとでくわしく説明する）。もちろん、だれかの顔に入れ墨を強制したことはないが、この先どうなるかはだれにもわからないのだ。

恩義の隠れたコスト

利益相反のよくある原因に、恩義を返したいという、人間が本来もっている欲求がある。わたしたち人間は骨の髄まで社会的な存在だから、だれかに何かのかたちで手を貸してもらったり、贈りものをもらったりすると、借りができたように感じる。この感情のせいでものの見方がかたより、いつかその人を助けたいと思うようになることがあるのだ。

恩義の影響に関する研究のなかでもとくに興味深いのが、アン・ハーベイとウーリッヒ・カーク、ジョージ・デンフィールド、リード・モンタギュー（当時全員がベイラー医科大学に所属していた）の行なった研究だ。彼らは恩義が美的な好みに影響を与えるかどうかを調べた。

研究者たちは、ベイラー医科大学の神経科学研究室に集まって来た実験協力者に、これから二つの画廊、「サード・ムーン」と「ロンリー・ウルフ」の所有する絵画を評価してもらうと伝えた。そして実験への参加報酬は、画廊が寛大にも提供してくれたと言った。一部の参加者には「サード・ムーン」が、残りの参加者には「ロンリー・ウルフ」が、報酬の提供者だと教えた。

協力者はこの情報を与えられたうえで、メインの実験へと移った。機能的磁気共鳴画像（ｆＭＲＩ）スキャン装置という、まんなかに円筒形の穴が空いた大きな機械のなかに一人ずつ入って、できるだけじっとしているよう指示された。この巨大な磁石のなかで、六

○枚の絵画を一枚ずつ見せられた。絵画は一三世紀から二〇世紀までの西洋の芸術家による作品で、具象画から抽象画までさまざまだった。だが彼らが目にしたのは、六〇枚の絵画だけではなかった。絵画の左上の隅に、それを購入できる画廊のしゃれたロゴが入っていたのだ。つまり一部の絵画は協力者のスポンサーの画廊のものとして、残りの絵画はスポンサーでない画廊のものとして提示されたわけだ。

「スキャン」段階が終わると、協力者は絵画とロゴの組み合わせをもう一度見せられ、それぞれの絵画を「嫌い」から「好き」までの尺度で評価した。

この評価情報を得たアンたちは、協力者が「サード・ムーン」と「ロンリー・ウルフ」のどちらの画廊の絵画を好んだかを比較することができた。たぶんあなたの予想どおりだと思うが、協力者はスポンサー画廊の絵画をより好意的に評価したのだ。

あなたはこう思っているかもしれない。彼らがスポンサー画廊をひいきしたのは、一種の礼儀ではないだろうか。または、友人に夕食に呼んでもらったら、イマイチの食事でもほめちぎるように、ただのリップサービスではないかと。ここで、実験の「ｆＭＲＩ」段階が生きてくる。ここまでの実験では、互恵性［人に恩義を受けたら、自分も相手に恩義を返さなければと考える心理］が根深い影響をおよぼしているように思われたが、脳スキャンでも同じ影響が見られた。スポンサーのロゴの存在は、協力者の脳内の喜びに関係する部位（とくに連想や意味づけなどの高次思考を司る部位である、前頭前皮質腹内側部）の活動を促したのだ。つまり、協力者がスポンサー画廊から受けた恩義が、芸術作品に対する反応に、深い影響をおよぼしたことになる。そしてここがミソなのだが、スポンサーのロゴが、絵画の好みに何らかの影響を与えたかと協力者に尋ねると、きまってこんな答えが返ってきた。「まさか、とんでもない」

またこの実験では、協力者によって報酬の金額に違いをつけた。スポンサー画廊から三〇〇ドル受けとった協力者もいれば、一〇〇ドル受けとった協力者もいた。最大では三〇〇ドル支払われた協力者もいた。結果はどうだったか？　収入金額が増えれば増えるほど、スポンサー画廊をひいきする傾向は増したのだ。脳内の喜びに関係する部位の活性度は、報酬が三〇ドルの人が最も低く、一〇〇ドルの人はより高く、三〇〇ドルの人が最も高かった。

この結果から何がわかるだろう？　わたしたちはだれか（またはどこかの組織）に恩義を受けると、その人（組織）と関係のあるものを何でも偏愛するようになる。そしてもとの恩義（この場合は報酬金額）が大きくなればなるほど、偏愛の度合いも高まるということだ。また金銭的な恩義が芸術作品の好みに影響をおよぼし得ることも、とくに興味深い。この場合の恩義（実験への参加報酬を支払われたこと）は、芸術作品とはまったく何の関係もなかった（作品は画廊とはまったく無関係に制作された）のだ。もう一つ興味深いことに、協力者は自分が作品にどんな評価を与えても、画廊はそれとは関係なく報酬を支払うことを知っていた。それなのに、報酬（とその大きさ）が互恵意識を確立し、その意識が好みを誘導したのだ。

製薬会社のたくらみ

一部の人や企業は、恩義を返したいという、この人間の欲求を心得ていて、だれかに恩義を感じさせることに多大な時間と金を費やしている。この種の操作に長けた職業、つまり利益相反を生み出すことで成り立っている職業として、わたしがまっ先に思い浮かべるのは、もちろんロビイストだ。彼らはわずかな時間を割いて、雇い主のうったえるとおりの事実を政治家に伝え、それ以外のすべての時間を費やして、政治家に恩義と義理を植えつけることにひたすら邁進する。そうしておいて、政治家が雇い主の利益を考えて票を投じ、恩義を返してくれることを期待するのだ。

だが利益相反を徹底して追求するのは、ロビイストだけではない。ほかにも潤沢な資金を武器に、ロビイスト並みの活動をくり広げている職業がある。たとえば、製薬会社の営業担当（医薬情報担当者、通称ＭＲ）がどんなふうに仕事をしているか、考えてみよう。ＭＲの仕事は、医師を訪問して、Ａ（ぜんそく《アズマ》）からＺ（ゾリンジャー・エリソン症候群）までのあらゆる傷病の治療に使われる医療器具や医薬品の購入をはたらきかけることだ。手始めに、自社のロゴが入った無料のペンやメモ帳、マグ、サンプル薬などを医師に配る。医師はこうした小さな贈りものにそれとなく影響されて、その会社の薬をより頻繁に処方するようになる。それというのも、恩義に報いなくてはと感じるからなのだ(3)。

しかし、この手の小さな贈りものや無料のサンプル薬は、MRが医師を口説くのに使う、数ある心理的トリックのうちの、ほんの一部に過ぎない。「とにかく至れり尽くせりなんだ」と、わたしの友人で同僚の医学博士が教えてくれた。何でも製薬会社は、とくに小さな会社ほど、医師を神のように扱うよう、担当者を教育しているという。それにこういった会社は、規模の割に魅力的な担当者を多く抱えているようだ。いっさいのとりくみが、軍隊のように緻密に組織化される。やる気のある担当者ならデータベースにアクセスして、それぞれの医師が前の四半期に何を処方したかを(自社だけでなく、他社の医薬品まで)逐一調べることができる。そのほか医師や医院の職員について、好きな食べものや、担当者と面会できる時間帯、一番面会時間の長い担当者のタイプなどを調べるのも、仕事のうちだ。医師が特定の女性担当者と面会する時間が長いことがわかれば、その担当者のローテーションを調整して、医師にもっと時間をかけられるようにする。軍事好きの医師のもとには、退役軍人を送りこむ。医師の周囲の人たちにも好感をもたれるよう気を配る。医院に行けばまず看護師や受付係にお菓子や粗品を配って、最初からみんなに気に入ってもらえるよう努める。

なかでもとくに興味深い慣行が、通称「ただ食い」と呼ばれるものだ。医師たちを感化する方法として、指定したテイクアウト店に医師が行けば、何でも好きなものをただでも ち帰れるように、手はずを整える。医学生や研修生までもが、こういったたくらみのおこぼれにあずかっている。この手の戦略のなかでもとくに独創的なものの一つが、かの有名な黒いマグカップだ。ある製薬会社が自社のロゴ入りの黒いマグカップを医師や研修医に配り、これを地元のコーヒーチェーン（ここでは名前は伏せておこう）にもっていけば、エスプレッソかカプチーノを好きなだけついでもらえるよう手配した。マグカップは絶大な人気を博し、医学生や研修生の間では、これをもっていることがステータスシンボルになったという。こうした慣行が目に余るようになったため、医療機関やアメリカ医師会（ＡＭＡ）は規制を強化し、攻撃的なマーケティング戦術の利用を制限している。もちろん規制が厳しくなればなったで、ＭＲは医師を感化するためのさらに画期的な新しい方法を探すだけのことだ。こうしていたちごっこは続く……*。

何年か前に研究仲間のジャネット・シュワルツ（チューレーン大学助教）とわたしは、何人かのＭＲを夕食に招待した。要するに彼らのお株を奪って、接待される側に立たせた

---

*製薬業界の影響力を示す最も明らかな証拠はたぶん、この聞きとりで内幕を語ってくれた人が、業界のブラックリストにのりたくないから匿名にしてくれと念を押したことだろう。

わけだ。すてきなレストランに連れて行き、ワインを切らさないよう気を配った。彼らは幸せな気分になって舌が回り始めると、喜んで営業秘密を語ってくれた。このとき聞いたのは、かなりショッキングなことだった。

担当者の一人、ハンサムで人好きのする二〇代前半の男性を想像してほしい。デートの相手には事欠かないタイプだ。彼はそれまでテコでも動かなかった女医を、自分の売りこんでいる薬剤の情報セミナーに参加させた方法を教えてくれた。社交ダンスのレッスンの相手を買って出たというのだ。これは暗黙の交換だった。担当者は医師に個人的な便宜を図り、医師は担当者から無料のサンプル薬をもらって、自分の患者に製品を勧めたというわけだ。

担当者によれば、医院の職員全員に豪華な食事をおごるのも、よくある慣行だという（たぶん、看護師や受付係の役得の一つなのだろう）。担当者が医師とお近づきになる見返りとして、ステーキとロブスターのランチを日替わりで要求してきた医院もあったという。もっと信じがたいことに、医師は担当者を（「専門家」として）診察室に呼び入れ、薬の効能について患者に直接説明させることさえあるという。

医療機器の販売担当者の話は、それ以上に気がかりだった。機器担当者が手術室に入り、手術が行なわれている最中にリアルタイムで医療機器を売りこむことが、日常茶飯的に行なわれているというのだ。

MRが古典的な心理的説得術を知り尽くしていること、しかも巧みにかつ自在に駆使していることに、ジャネットとわたしは舌を巻いた。たとえば彼らに聞いた別の巧妙なトリックに、医師に報酬を与えて、自分たちの売りこもうとしている医薬品について、ほかの医師たち相手に簡単な講演をしてもらうという手がある。担当者にとっては、聴衆が講演から何を学ぶかはこの際、どうでもいい。彼らが関心をもっているのは、講演を行なうという行為が、当の医師におよぼす影響だ。特定の医薬品が有効だという内容の簡単な短い講演を行なった医師が、自分の言葉を信じるようになり、やがてその信念をもとに薬を処方し始めることに、彼らは気づいたのだ。わたしたちが自分の口から出る言葉を何であれ、いともすばやく簡単に信じるようになることを、心理学の研究は示している。しかも、その意見を表明したそもそもの理由（医師のケースで言えば、報酬を支払われたこと）が意味を失ったあとも、ずっと信じ続ける。これが、認知的不協和の作用だ。医師は、自分が宣伝している医薬品なのだから、さぞかし効果が高いに違いないと、頭のなかで理屈づける。そうするうちに自分の言ったことを信じ、その信念をもとに処方するようになるわけだ。

担当者たちは、カメレオンになって――アクセントや人格、支持政党までも違う別人格になって――ほかにもいろいろなトリックを使うと教えてくれた。彼らは医師の信頼を勝ちとる自分の能力に、誇りをもっていた。ときにはこうしたもちつもたれつの関係が、社交上の友人関係の領域にまでおよぶこともある。医師と友人として海釣りに出かけたり、バスケットボールの試合をする担当者もいる。医師は担当者と同じ体験を分かち合うことで、「仲間」の利益になる処方箋をますます喜んで書くようになる。もちろん彼らは、担当者と釣りに行ったり、バスケットボールに興じたりすることで、自分の価値観を曲げているなどとは夢にも思わない。待ちに待った休暇を一緒に過ごした友人が、たまたま仕事の相手でもあったというだけの話だ。当然だが、医師は多くの場合、自分が操作されていることには、たぶん気づかないのだろう。だが操作されていることは間違いないのだ。

このように隠れた恩義を与えるのも一つの方法だが、利益相反のもっとわかりやすい例もたくさんある。たとえば製薬会社は医師にコンサルタント料として数千、数万ドルの報酬を支払うことがある。医学研究者の見解に影響をおよぼそうとして、学部に建物を寄付したり、寄付金を贈呈したりすることもある。こうした行動は、とほうもなく大きな利益相反を生む。これがとくに著しいのが医科大学で、医薬品に対するかたよった見方が医学部の教授から医学生へ伝わり、ひいては患者にまで押しつけられることもある。

ニューヨーク・タイムズの記者ダフ・ウィルソンが、このような行動の例を報じている。数年前にハーバード・メディカルスクールのある学生は、薬理学の教授がコレステロール薬のメリットをやたら宣伝し、副作用を軽視しているのではないかという疑問をもった。

学生がググってみると、教授は一〇社の製薬会社に有給で雇われ、そのうち五社がコレステロール薬を製造していたことがわかった。そしてこれはこの教授に限った問題ではなかった。ウィルソンは書いている。「ハーバード・メディカルスクールの公開原則のもとで、八九〇〇人の教授や講師のうち一六〇〇人が、自身の教育、研究、診療と関わりのある企業との間で、本人または家族が金銭的な利害関係をもっていることを、学部長に報告した(4)」。教授がかたよった推奨を、さも学術的知識であるかのように公然と提示すれば、深刻な問題が起きる。

数字のごまかし

医療の世界に利益相反がはびこっているというなら、利益相反がさらに蔓延している職業について考えてみよう。そう、金融サービス業界という不思議な世界のことだ。

たとえばいまが二〇〇七年で、あなたはウォール街の銀行の夢のような仕事を引き受けたばかりだとしよう。あなたはモーゲージ証券（などの新しい金融商品）を好ましいものと思ってさえいれば、年に五〇〇万ドルほどのボーナスをもらえる。言ってみれば、ゆがんだ現実認識をもち続けるために、大金を支払われているようなものだ。しかしあなたは、巨額のボーナスのせいで、自分の現実認識が曇っていることには気がつかない。それどころか、モーゲージ証券がこのうえなく安全だと信じたい気もちが高じて、本心からそう思うようになる。

これからはモーゲージ証券の時代だといったん信じこむと、そのリスクの少なくとも一部は、もう目に入らなくなる。おまけに知ってのとおり証券は、「本当の」価値を評価するのがとても難しい。あなたはパラメータや数式だらけのややこしい巨大なエクセルのスプレッドシートとにらめっこして、証券の本当の価値をつきとめようとする。割引率の一つを〇・九三四から〇・九三六に変えてみると、とたんに証券の価値が跳ねあがった。あなたは数字をいじくり回して、「現実」を最も正確に表わすパラメータを探そうとするが、その一方で、パラメータの選択が自分の金銭的将来におよぼす影響にも気を配っている。もうしばらく数字をいじり回し、とうとうモーゲージ証券を正しく評価する数字を見つけたと確信する。気がとがめることはない。証券の価値を、可能な限り客観的に表わしたつもりなのだ。

さらに言うと、あなたは本物の現金を動かしているわけではない。現金から何歩も離れた数字をいじっているだけだ。数字は抽象的だから、それをいじるのはまるでゲームのように感じられ、人々の家庭や暮らし、年金口座などに実際に影響をおよぼすようには思えない。それに、そう感じているのはあなただけではない。周りの部署の頭の切れる金融エンジニアも、あなたと似たり寄ったりのことをしている。実際、もっと極端な評価をしている同僚もちらほらいる。自分は合理的で、市場はつねに正しいと信じているあなたは、自分が、そしてみんながやっていることこそが正しい道だと、ますます信じたい気もちになる（これについては第八章でくわしく見ていく）。そうだろう？

もちろん、こういった行動はどれ一つとして適切ではないのだが（二〇〇八年の金融危機を忘れたわけではないだろう？）、大金がからんでいるから多少ごまかしてもかまわないような気がする。それに、これは実に人間的な行動でもある。あなたの行動には大いに問題があるが、あなたはそんなふうには思っていない。何しろあなたの利益相反は、あなたが本物の現金を動かしているわけではなく、金融商品が気の遠くなるほど複雑で、なおかつ同僚が一人残らず同じことをしているという、いくつもの事実によって、がっちり支えられているのだから。

アカデミー賞を受賞した魅力的な（そしてひどく気の滅入る）ドキュメンタリー映画「インサイド・ジョブ　世界不況の知られざる真実」は、金融サービス業界がアメリカ政府の腐敗を招き、その結果としてウォール街に対する監督不行き届きと二〇〇八年の金融危機をもたらしたいきさつを、くわしく描き出している。また金融業界が著名な学者たち（大学の学長や学部長、教授など）に報酬を払って、金融業界や金融市場の有利になるような専門家報告書を書かせていた内幕を明かしている。あなたが映画を見たら、なぜ学識者ともあろう人たちが、ああも簡単に信念を曲げたのだろうと戸惑い、自分なら絶対そんなことはしないのにと、きっと思うだろう。

だが自分の道徳規範に太鼓判を押す前に、ちょっと想像してほしい。わたし（またはあなた）は莫大な報酬を支払われ、巨大銀行の監査委員会に名を連ねている。自分の収入の大部分が巨大銀行の業績に左右されるとなれば、わたしはたぶん、銀行の行動にいまほど目くじらを立てなくなるだろう。十分大きな誘因《インセンティブ》があれば、投資は透明で明瞭であるべきだとか、企業は利益相反を克服するために努力すべきだなどと、うるさいことは言わなくなるはずだ。もちろん、わたしはそういう委員会にはまだお呼びがかかっていないから、いまのところは銀行の行動の多くをけしからんと思っている。

学者も相反を抱えている

利益相反がどこにでも存在し、身近な生活のなかにあると気づきにくいことを考えると、わたし自身もその影響を免れないことを認めなくてはなるまい。

わたしたち学者は、ときに学識を買われて、コンサルタントや専門家証人を依頼されることがある。わたしも研究職に就いて間もないころ、大手法律事務所の依頼で専門家証人を務めた。わたしより名の知れた同僚のなかには、定期的なアルバイトとして専門家証言を提供し、結構な報酬を稼いでいる人たちがいることは知っていた（ただし、金めあてではないと、だれもが口を揃えて言っていた）。そのとき好奇心から、むかしの訴訟の記録を読ませてもらったのだが、学者たちが研究成果をいかに自分に都合よく利用しているかを知って驚いた。また相手方を代表する専門家証人（やはり、ほとんどが一目置かれる学者だ）の見解や資格について、あまりにも見下した書き方をしていることに唖然としてしまった。

とは言えわたしは、ものは試しとやってみることにきめ（もちろん、金めあてではない）、専門家としての意見に対して、かなりの報酬を支払われた。＊訴訟が始まったばかりのころ、一緒に仕事をしていた弁護士が、自分たちの主張を支持するような考えを、わたしに植えつけようとしていることに気がついた。彼らはそれを強制したわけでもないし、どういう意見がクライアントに有利になるかを具体的に指摘したわけでもない。むしろ、事件と関係のあるすべての研究について説明してほしいと言った。そして彼らの立場上あまり望ましくない研究成果については、方法論に欠陥があるかもしれないと指摘し、逆に見解を裏づける研究は、きわめて重要で行き届いているなどと評した。そしてわたしが彼らに有利なように研究を解釈するたび、温かい言葉をかけてくれた。そんなこんなで数週

＊わたしがこれほどの時間給をもらって仕事をしたのは、このときが初めてで、その結果自分の意思決定の多くを「作業時間」という観点から見るようになったことに、好奇心をそそられた。一時間はたらけば豪華な食事にありつける、もう何時間かはたらけば新しい自転車が買える、といった具合だ。これは自分が何を買うべきか、買うべきでないかを考える、興味深い方法だと思う。いつかくわしく調べてみるかもしれない。

間たったころ、早くも報酬をくれる人たちの見方にすっかりなじんでいる自分に気がついたのだ。このときの経験全体をとおして、人が自分の意見に対して報酬を受けるとき、はたして客観的でいられるのだろうかと、疑問に思うようになった（こうして自分の客観性のなさを白状した以上、わたしがこの先専門家証人を依頼されることは二度とないはずだ。これはたぶん、よいことなのだろう）。

酔っ払いとデータ

利益相反の危険に気づかせてくれた経験は、もう一つある。これは自分の研究で経験したことだ。あるときハーバードの友人たちの好意で、彼らの大学の行動研究室を使って実験をさせてもらえることになった。わたしがこの施設をとくに使いたかったのは、学生だけでなく、周辺地域の住人からも実験協力者を募っていたからだ。

ある週のこと、わたしは意思決定に関する実験を検証していた。このときも例によって、ある条件の成績水準が、別の条件の成績よりずっと高くなると予想していた。ほぼそのとおりの結果が出た――ただし一人を除いては。この協力者は、最も成績がよいはずの条件にいたのに、全協力者のなかで並外れて成績が悪かったのだ。データをくわしく調べると、彼がほかの協力者より二〇歳ほど年上だとわかった。そこでわたしは思い出した。ぐでんぐでんに酔っ払って研究所にやって来た、年かさの男性が一人いたことを。

問題の協力者が酔っていたとわかったとたん、彼のデータを最初から除外しておくんだったと思った。彼の意思決定能力が低下していたのは明らかだったからだ。そこで彼のデータを除いてみると、とたんに結果の見栄えがよくなった——何もかもが予測どおりというわけだ。しかし何日かすると、酔っ払いの男を除外することをきめたプロセスが気になり始めた。わたしは考えた。もしこの男がもう一方の条件、つまり悪い成績が予想された条件にいたら、どうしただろう？　きっと、彼の答えなどハナから気にもとめなかったはずだ。たとえ気にとめたとしても、データを除こうとは考えもしなかっただろう。

実験が終わってから、酔っ払いのデータを使わずにすむ理由を、あとづけでこじつけるのは簡単だ。だがもし、彼が酔っ払っていなかったとしたら？　飲酒とは何の関係もない、別の機能障害だったとしたら？　それでもわたしはデータを除外するために、違う言い訳やもっともらしい理屈をでっちあげるだろうか？　第七章「創造性と不正」で見ていくように、わたしたちは創造性のおかげで、利己的な動機の追求を正当化しながら、自分が正直だと思い続けることができるのだ。

結局、わたしは二つのことをしようときめた。まず結果を二重にチェックするために、実験をもう一度やり直したところ、申し分のない結果を得た。これを踏まえて、協力者を実験から除外するための基準を設けてもいいだろうと判断した（酔っ払った人や、指示を理解できない人は、調べないということだ）。とは言うものの、除外のルールを設けるのは事前、つまり実験を行なう前であって、データを見たあとでは断じてない。

この経験から学んだこと？　わたしは酔っ払いのデータを除外しようとしていたとき、科学の発展のためにやっているのだと、心から思いこんでいた。ヒーローにでもなったつもりで、真実を明るみに出すために、不要なデータをとり除くのだと思っていた。自分の利益のためにやっているなどとは、これっぽっちも思わなかった。だがその裏で、別の動機がはたらいていたのは明らかだった。つまり、予想どおりの結果を得たかったのだ。より一般的な教訓としては、自分を自分から守るためのルールづくりの大切さを、このとき改めて学んだ。

開示《ディスクロージャー》は解決策になるか？

では利益相反に対処するには、どうするのが一番いいだろう？　たいていの人の頭に浮かぶのが、「全面開示」という答えだ。開示の基本的な考え方は、「公開主義」と同じ理屈で、人が自分のしていることをはっきり公言しさえすれば、すべてがうまくいくというものだ。専門家が、自分がどんな誘因《インセンティブ》で動いているかをクライアントに包み隠さず示せば、クライアントは専門家の（かたよった）助言にどれだけ頼るべきかを自分で判断し、より的確な情報をもとに決定を下せるというのだ。

もしも全面開示が世のなかを支配したら、どうなるだろう？　医師は、自分の勧める治療に使う機器を所有しているときや、処方する薬のメーカーからコンサルタント料をもらっているとき、患者にそう伝えなくてはいけない。投資アドバイザーは、業者や投資信託会社から受けとる料金や報酬、手数料を、クライアントに逐一知らせる。消費者はこうした情報をもとにして、専門家の意見を適度に割り引いて考えることで、よりよい決定を下せるようになる。開示は理屈のうえでは、理想的な解決策に思われる。専門家は自分の利益相反を認めて嫌疑を晴らし、クライアントは自分の得ている情報の出所を、よりよく把握できるようになる。

ところが、開示は利益相反を必ずしもうまく解消しないことがわかっている。むしろ開示が事態をかえって悪くすることさえあるのだ。これを説明するために、デイリアン・ケイン（イェール大学助教）、ジョージ・ローウェンスタイン（カーネギー・メロン大学教授）、ドン・ムーア（カリフォルニア大学バークレー校准教授）の行なった実験を紹介しよう。この実験では、協力者が二つの役割に分かれてゲームをした（ちなみに研究者が「ゲーム」と呼ぶものは、ふつうの子どもの考えるゲームとは似ても似つかない）。一部の協力者は「推測者」の役割をした。大きなガラスビンに入った小銭の合計金額を、できるだけ正確にあてるのが仕事だ。推測者は推測した金額の正確さに応じて報酬を支払われた。つまり推測した金額と、実際のビンのなかの金額の絶対差が小さいほど高い報酬を受けとり、実際の金額より多いか少ないかは問われなかった。

　残りの協力者は「助言者」の役割をして、推測者が金額をあてる際に助言を与えた（株式アドバイザーに似ているが、仕事はずっと単純だ）。推測者と助言者には、二つの興味深い違いがあった。一つには、推測者が遠くから数秒間だけしかビンを見せてもらえなかったのに対し、助言者はゆっくり時間をかけてビンを調べることができ、そのうえビンの金額は一〇ドルから三〇ドルの間だと知らされた。つまり助言者は情報面で有利だった。おかげで彼らは「ビンの金額を推測する」分野での専門家に近くなったため、推測者は推測を立てるとき、助言者の意見に頼るべき十分な理由があった（わたしたちが人生のいろいろな面で専門家に頼るのと同じだ）。

　二つめは、助言者の報酬の支払われ方に関する違いだ。対照条件では、助言者の報酬は推測者の推測の正確さに応じて支払われたため、利益相反はまったくなかった。これに対して「利益相反」条件では、助言者に支払われる報酬は、推測者が推測した金額が、実際の金額より多ければ多いほど高くなった。たとえば推測者の金額が実際より一ドル多くても助言者の利益になったが、三、四ドル多ければ、助言者にとってはさらに都合がよかった。そして推測者が実際の金額より多めに推測すればするほど、推測者の報酬は減り、助言者の報酬は増えるしくみだった。

　さて対照条件と利益相反条件では、それぞれ何が起きただろう？　そう、お察しのとおり、対照条件では、助言者の提案した金額が平均一六ドル五〇セントだったのに対し、利益相反条件では平均二〇ドルを上回った。要するに、利益相反条件の助言者は、自分の推測した金額に、四ドルほどゲタをはかせて推測者に伝えたというわけだ。さて、この結果のよい面に目を向ければ、こうも言える。「まあ少なくとも、助言が三六ドルなんていう、べらぼうな金額ではなかったことだし」。だがそう思った人は、二つのことを考えてほしい。一つめの点として、助言者は明らかに多すぎる金額を助言することはできなかった。推測者もひと目だけとは言え、ビンを見たのだから。助言者の金額が極端に多すぎれば、推測者は助言を完全にはねつけるだろう。二つめの点として、たいていの人は自分に満足していられる程度にしかごまかしをしないことを思い出してほしい。その意味で、つじつま合わせ係数は、上乗せされた四ドル分（率にして二五％）だった。

だがこの実験の意義が最も鮮明に表われたのは、三つめの「利益相反・開示」条件だった。この条件では、助言者の受けとる報酬は利益相反条件と同じようにきめられたが、助言者は、推測者の金額が実際より多ければ多いほど自分の報酬が増えることを、推測者に知らせる必要があった。公開主義の発動だ！　このようにすれば、推測者はきっと助言者の誘因（報酬）がかたよっていることを計算に入れて、助言者の助言を適度に割り引いて考えるはずだ。助言を割り引くことは、明らかに推測者の利益になる。だが、開示が助言者に与える影響はどうだろう？　開示が必要になったことで、助言者はかたよった助言をしなくなるだろうか？　それともバイアスを開示した結果、つじつま合わせ係数をかえって大きくするだろうか？　つまり、助言金額をさらに上乗せしても、違和感を覚えにくくなるのだろうか？　そして最も重大な質問はこれだ。二つの影響のうち、どちらが大きいだろう？　推測者が助言者の助言を割り引く率は、助言者が助言金額をさらに上乗せする率と比べて、小さいだろうか、大きいだろうか？

結果？　「利益相反・開示」条件では、助言者は助言金額をさらに四ドル上乗せした（二〇ドル一六セントから二四ドル一六セントへ）。では推測者はどうだったか？　たぶん予想どおりだと思うが、推測者は助言者の金額を割り引いたものの、その額はたったの二ドルだった。言いかえれば、推測者は金額をあてるとき、助言者が開示した事実を計算に入れはしたが、割り引き方が全然足りなかった。推測者はわたしたちみんなと同じで、助言者の利益相反がこれほどまでに大きく強い影響をおよぼすことを、十分認識していなかったのだ。

一番大事な教訓はこうだ。開示のせいで、助言のバイアスはそれまで以上に大きくなった。開示によって、推測者は損をし、助言者は得をした。ちなみに、開示がつねにクライアント側に不利にはたらくかどうかはわからないが、開示と公開主義が必ずしもよい結果ばかりを生むのでないことは明らかだ。

ではどうすればいいのか？

利益相反への理解が深まったことで、利益相反がどのような深刻な問題を引き起こすかがはっきりした。利益相反はどこにでも見られるうえ、わたしたちはそれが自他におよぼす深刻な影響を十分理解していないように思われる。ではいったいどうすればいいのだろう？

単純な解決策は、利益相反を完全になくしてしまうことだが、これはもちろん口で言うほど簡単なことではない。たとえば医療分野なら、医師が自分の所有する機器を使って患者を治療、検査することを禁じ、代わりに医師や機器会社と何の結びつきもない、独立した組織に治療や検査を任せる。また医師が製薬会社のコンサルタントを務めたり、製薬会社の株式を保有することも禁じる。そもそも医師の利益相反を防止するには、医師の収入が、自分の勧める処置や処方の数や種類によってきまるようなしくみをすっかり排除する必要がある。同様に、投資アドバイザーの利益相反を防止するために、クライアントの最善の利益にならない報奨をいっさい禁止する。サービス料金やリベート、成否によって金額が変わる差別的報酬などを禁じる必要がある。

利益相反を減らす努力はもちろん大事だが、簡単にできることではない。たとえば下請業者や弁護士、自動車整備工を考えてみよう。彼らは現行の報酬体系のせいで、重大な利益相反の状況に立たされる。なぜなら彼らはサービスを勧めると同時に、そうすることで利益を得るのに対し、クライアントの方は何の専門知識も影響力ももたないからだ。だがちょっと立ち止まって、利益相反をまったく含まないような報酬体系を考えてみてほしい。時間をとってじっくり考えてみれば、そんな方式をつくりあげるのが不可能とは言わなくても、とても難しいことがわかるはずだ。それに、利益相反はたしかに問題を引き起こすが、ときにはもっともな理由から生じることもある。たとえば医師（や歯科医）が、自分の所有する機器を使う治療を患者に勧める場合を考えてみよう。これは利益相反という観点からすれば問題をはらむ慣行だが、それなりのメリットもある。専門家は自分がよいと信じる機器を購入し、使い方をマスターするだろう。それに、患者にとってもずっと利便性が高い。また医師は機器や使用法を改善するために、ちょっとした研究さえするかもしれない。

結論としては、本質的に利益相反を含まない――かつ利益相反に依存もしない――報酬体系を考え出すのは、至難のわざということになる。たとえ利益相反をすべて排除できたとしても、それに伴う（柔軟性の喪失や官僚主義化、監督強化という意味での）代償を払うだけの価値はないかもしれない。過度に厳格な規則や規制を、やみくもに提唱すべきでない理由はここにある（たとえば医師がMRと口を利いたり、自前の機器を所有したりすることまで禁じるなど）。その反面、わたしたちは自分の金銭的動機にどれほど目を曇らされているかを自覚する必要がある。利益相反のからむ状況には大きな不都合があることをわきまえ、また利益相反の費用が便益を上回るときには、慎重に排除しようとしなくてはならない。

たぶんあなたも考えたと思うが、利益相反を簡単に排除できる単純なケースも多い。たとえばリベートを受けとっている投資アドバイザーや、同じ企業の顧問を兼務する監査役、クライアントが利益を得れば莫大なボーナスを受けとるのに、クライアントに大損をさせても失うものがない金融専門家、格付け対象企業から報酬を得ている格付け機関、票を投じる見返りとして企業やロビイストから金銭や便宜供与を受けている政治家など。こうしたケースのすべてで、できる限り多くの利益相反を、おそらくは規制をとおして排除するよう、全力を尽くすべきだろう。

そんな規制が実現するはずがないと、あなたは思うかもしれない。もし政府や専門的組織による規制が実現しないのなら、わたしたちは消費者として、利益相反がもたらす危険を自覚し、利益相反がなるべく少ない（か、できるならまったくない）サービス提供者を、手を尽くして探すべきだ。財布の力でサービス提供者に圧力をかけ、利益相反を減らす要求を呑ませるのだ。

最後に、あなたが重大な決断を迫られたとき、助言をくれる立場にある人がバイアスにとらわれていることに気づいたら——たとえば医師が顔の入れ墨を勧めてくるといったことだ——少しだけ余分な時間と労力をかけて、その決定に金銭的利害をもたない人にセカンドオピニオンを求めるといい。

第四章　なぜ疲れているとしくじるのか

あなたは長く大変だった一日を終えようとしている。これ以上ないほど消耗する一日、そう、引っ越しの日だ。あなたはくたくたで、髪の毛の先まで疲れ切っている。料理をするなんてもちろん論外だ。鍋と皿とフォークを探しあてるのはおろか、使う気力すらない。テイクアウトの夕食できまりだ。

新居から一ブロック以内にレストランが三軒ある。一軒めは新鮮なサラダとパニーニを出す小さなビストロ。二軒めは中華料理店だ。油っこくしょっぱい匂いを想像するだけで、口のなかがうずいてくる。三軒めは家族経営のかわいらしいピッツェリア。地元の人たちが、一切れが顔の二倍ほどもある、チーズたっぷりのピザを楽しむ店だ。さて、あなたが疲れて痛む体を引きずっていくのは、どのレストランだろう？　新居の床に座って食べたいと思うのは、どのタイプの料理だろう？　これに対して、裏庭で気に入った本を読みながらゆったり午後を過ごしたあとなら、どれを選ぶだろうか?

あなたもたぶん気づいていると思うが、ストレスの多い日には、誘惑に屈して健康によくない選択肢を選んでしまう人が多い。実際、引っ越しとくれば、中華のテイクアウトかピザと相場がきまっている。若くて魅力的で、くたびれているが幸せなカップルが、段ボールに埋もれながら、箱に入った五目焼きそばを仲よく箸でつつき合う姿が目に浮かぶ。それに大学時代、友人の引っ越しの手伝いをしたお礼に、ピザとビールをふるまわれた経験はだれにでもあるだろう。

疲労とジャンクフードの消費の間にある、この不思議な関係は、単なる想像上の産物ではない。そしてこれは、ストレスにさらされた人がダイエットに挫折し、精神的ショックを受けた人が一度やめたタバコをまた吸い始める理由なのだ。

ケーキを食べればいいのに

この謎を解くカギは、わたしたちの衝動的な(つまり感情的な)側面と、合理的な(つまり意図的な)側面とのせめぎ合いと関係がある。これは何も新しい考えではない。歴史を通じて数々の重要な書物(や学術論文)が、欲望と理性の葛藤について何かしら述べている。禁じられた知識と甘くしたたる果実に目がくらんだ、アダムとイヴの物語。海の怪物セイレーンの歌に誘惑されることを見越して、自分の体はマストに縛らせ、乗組員には歌声の誘惑を避けるため耳をロウでふさぐよう賢明にも命じた、オデュッセウスの物語（オデュッセウスはこうして欲張りな願望をかなえた。男たちが歌声に惑わされて船を難破させることを心配せずに、歌声を聴くことができたのだ）。また感情と理性のとくに悲劇的な葛藤の例として、シェイクスピアのロミオとジュリエットは、野性の情熱は災難しか呼ばないという、修道士ロレンスの警告にもかまわず、激しい恋に落ちた。

ババ・シーブ（スタンフォード大学教授）とサーシャ・フェドリキン（インディアナ大学教授）が行なった、理性と欲望の葛藤を示す興味深い研究を紹介しよう。この研究では、脳内の熟慮的思考を司る部位が占有されているとき、誘惑に負けやすくなるという考えを検証した。ババとサーシャは、協力者の効果的に考える能力を低下させるために、脳の部位をとり除いたりはしなかったし（動物研究者はときどきやるが）、磁気パルスを使って思考を混乱させたりもしなかった（これをする機器はあるが）。代わりに心理学でいう「認知負荷」を与えて、協力者の思考能力に重い負担をかけることにした。簡単に言うと、何かで頭が一杯になっていると、誘惑に抵抗する認知的余裕がなくなって、誘惑に屈しやすくなるかどうかを調べようとしたわけだ。

ババとサーシャの実験は、こんなふうに行なわれた。協力者を二つのグループに分け、一方のグループには二ケタの数字（たとえば三五）を、もう一方のグループには七ケタの数字（たとえば七五八一二八〇）を記憶してもらった。協力者は報酬をもらうために、廊下のつきあたりの部屋で待っている実験者のところまで行って、覚えた数字を正しく復唱する必要があった。数字を思い出せなかったら？　報酬はなしだ。

協力者は列をつくって実験の順番を待ち、自分の番が来ると二ケタか七ケタ、どちらかの数字を一瞬見せられた。この数字を頭のなかでくり返しながら、一人ずつ廊下をとおって別室に行き、そこで待っていた実験者に数字を復唱した。ところが彼らは別室に向かう途中、思いがけずカートの前をとおりかかった。カートには濃厚なダークチョコレートのケーキと、色とりどりの体によさそうなフルーツを盛ったボウルがのっている。カートをとおり過ぎようとしたそのとき、別の実験者が声をかけてきた。別室に行って数字を復唱したら、どちらか好きなスナックをくれるというのだ。ただしどちらを選ぶかは、いま、このカートのそばできめなくてはいけない。協力者は好きな方を選び、選んだスナックの書かれた引換券を受けとって、いそぎ別室へ向かった。

さて、協力者は認知負担が大きい場合と小さい場合とで、どんな選択をしただろう？「うまそう、ケーキだ！」の衝動が勝利を収めただろうか、それとも健康的なフルーツ盛り合わせ（もっともな根拠のある選択肢）が選ばれただろうか？　ババとサーシャの予想どおり、協力者の選択は、数字が覚えやすいか、覚えにくいかによっても左右された。ただの「三五」を頭に入れて廊下を颯爽と歩いていた協力者は、「七五八一二八〇」を必死に頭のなかでつぶやいていた協力者よりも、フルーツを選ぶ確率が高かったのだ。脳の高次機能がすでに占有されていた七ケタグループは、本能的欲求を覆しにくくなり、多くの人がいますぐ喜びを与えてくれるチョコレートケーキに屈することになった。

疲れた脳

熟慮的な論理的思考力が占有されると、衝動システムが行動を支配するようになることを、ババとサーシャの実験は示している。だがロイ・バウマイスター（フロリダ州立大学教授）が「自我消耗」と名づけたものについて考えると、論理的思考力と欲求の間には、さらに複雑な相互作用があることがわかる。

自我消耗を理解するために、たとえばあなたが体重を二、三キロ減らそうとしているとしよう。ある日職場で、あなたは朝のミーティング中、チーズデニッシュが気になってしかたがないが、真面目に頑張ろうとして、必死に誘惑と闘い、コーヒーをすすってがまんする。しばらくすると、昼食にフェットチーネのクリームパスタが無性に食べたくなるが、ガーデンサラダとグリルドチキンで泣く泣く手を打った。一時間後、上司が外出しているのをいいことに、仕事を早めに切りあげたい気もちに駆られるが、自分を押しとどめてこう言い聞かせる。「だめだ、このプロジェクトを終わらせないと」。こうした状況のそれぞれで、快楽本能があなたを快い満足へと誘うが、あなたの立派な自制心（または意志力）は衝動に抗《あらが》おうとして、反対の力を加える。

誘惑に抵抗するには大変な努力とエネルギーが必要だというのが、自我消耗の基本的な考え方だ。意志力を筋肉に見立てるとわかりやすい。フライドチキンやチョコレートシェイクを見ると、わたしたちはまず本能的に「おいしそう、食べたい！」と感じる。それから、この欲求を克服しようとして、いくらかエネルギーを消費する。誘惑から逃れる決定を下すたび、多少の努力が必要になる（重量挙げを一度するようなものだ）。そして意志力は、くり返し使われるうちにいつしか消耗してしまうのだ（何度も重量挙げをするようなものだ）。つまり、ありとあらゆる誘惑に対して、一日じゅう「ノー」と言い続けると、誘惑に抗う力が弱まっていく。そしていつかある時点で屈してしまい、結局はチーズデニッシュにオレオクッキー、フライドポテトなどなど、よだれの出そうな食べものをたらふくつめこんでしまう。これはもちろん、気がかりな考えだ。何しろわたしたちは、日々ますます多くの決定を求められているうえ、たえず誘惑の嵐にさらされている。何度も自分を抑えるうちに自制力が消耗していくなら、こうしょっちゅう自制に失敗するのも無理はない。また自我消耗は、夜に自制に失敗することがこんなにも多い理由を説明する。一日じゅう真面目に頑張り続けると、何もかもに疲れてしまう。だから夜になると、とくに欲求に屈しやすくなるのだ（深夜のつまみ食いを、一日分の誘惑に抵抗した反動と考えるとわかりやすい）。

判事が疲れるとき

刑務所からの仮釈放の審査を控えている人のために言っておくと、審査を受けるのは朝一番か、昼食休憩の直後にした方がいい。なぜかって？　シャイ・ダンジガー（テル・アビブ大学准教授）、ジョナサン・レバブ（スタンフォード大学准教授）とリオーラ・アブナイム＝ペッソ（ネゲブ・ベングリオン大学博士課程の学生）が行なった研究によれば、仮釈放審査委員会の判事は、気分が最もさわやかなときに、仮釈放を認めることが多いのだ。イスラエルで行なわれた多数の仮釈放決定を調べた結果、仮釈放審査委員会が仮釈放を許可することが最も多いのは、一日の最初の審問と、昼食休憩直後の審問とわかった。なぜだろう？　審査委員会にとっての標準的な決定は、仮釈放を認めないことだ。だが判事は元気を回復したとき、つまり朝一番か、食事をして休憩をとった直後は、標準的な決定を覆して、より大きな努力を要する決定を行ない、仮釈放を認める能力が高まっていたようだ。しかし一日のうちに多くの困難な決定を下し、認知負荷が高まるにつれて、仮釈放を認めないという、より単純で標準的な決定を選ぶようになった。

博士課程の学生（ちょっと違うタイプの囚人）なら、このしくみを直感的に理解できるだろう。だから彼らは博士論文の提案や試問に、ドーナツやマフィン、クッキーなどの差し入れを持参することが多いのだ。仮釈放研究の結果からすると、論文の審査委員が学術的仮釈放を認め、独り立ちを許可する可能性が高まるというわけだ。

道徳力を試す

人気テレビシリーズ「セックス・アンド・ザ・シティ」で、サマンサ・ジョーンズ（知らない人のために言っておくと、四人のうちの一番金髪で一番奔放な女性だ）が、だれかと結婚を前提としたつき合いを始める。彼女はちょうどそのころ衝動食いをするようになり、その結果太ってしまう。おもしろいのは、この不可解な行動の背後にある理由だ。サマンサは自分の衝動食いが始まったのは、隣にハンサムな男性が引っ越してきたときだと気がつく。独り身だったら絶対にアタックしていた、超タイプの男性だ。そして彼女は思い至る――自分は食べものを、誘惑に対する防御手段にしているのだと。「浮気をしないために食べているのよ」と友人に説明する。架空の人物のサマンサも、現実の人間と同じように消耗している。すべての誘惑に抵抗できるわけではないから、浮気をする代わりに、食べものにはまることで妥協しているのだ。

「セックス・アンド・ザ・シティ」は、人間心理を描いた傑作ドラマとは言わないまでも、興味深い質問を投げかける。人はある領域で無理をすると、ほかの領域で道徳心が薄れるのだろうか？　消耗のせいで、ごまかしをしやすくなるのだろうか？　これが、ニコール・ミード（カトリカ＝リスボン・ビジネススクール助教）とロイ・バウマイスター、フランチェスカ・ジーノ、モーリス・シュバイツァー（ペンシルベニア大学教授）とわたしが調べようとしたことだ。現実世界のサマンサたちは、何かの課題で消耗したあとで、別の課題でごまかしをする機会を与えられたら、いったいどうするだろう？　ごまかしの量を増やすだろうか？　減らすだろうか？　それとも自分が誘惑に屈しやすくなることを見越して、誘惑に駆られるような状況をいっさい避けようとするだろうか？

わたしたちが最初に行なった実験は、いくつかの段階に分かれていた。まず最初に協力者を二つのグループに分けた。一方のグループには、前日に何をしたかという短い作文を、「x」と「z」の文字を使わずに書いてもらった。ただ「x」と「z」の文字を飛ばして単語を書くのではなく、二つの文字を含まない単語だけ（たとえばbicycle）を使って書くのがポイントだ。

わたしたちはこれを「非消耗」条件と呼んだ。なぜなら、もうわかったと思うが、「x」と「z」の文字を使わずに作文を書くのは、そう大変ではないからだ。

もう一方のグループにも同じ作文を書いてもらったが、今度は「a」と「n」の文字を使わないよう申しわたした。

二つめの課題をやった人はわかると思うが、「a」と「n」の文字を使わずに何かを伝えようとすると、自然に頭に浮かぶ言葉をたえず抑えこまなくてはならない。「went for a walk in the park（公園に散歩に行った）」とも、「ran into each other at a restaurant（レストランでばったり会った）」とも書けないのだ。

こうした小さな抑圧の行為も、つもりつもれば大きな消耗になる。

協力者が作文を提出すると、続いて今回の実験の主眼である別の調査のために、違う課題をやってもらった。例の標準的な数字探しのテストだ。

どんな結果が出ただろう？　二つのグループの対照条件同士を比較すると、消耗した協力者と消耗していない協力者との間で、算数の問題を解く能力に差は見られなかった。つまり、消耗によって算数の基礎力は衰えなかった。ところが二つのグループの（ごまかしが可能な）破棄条件では、違う結果が出た。「x」と「z」の文字を使わずに作文を書いた人たちは、ごまかしに少々手を染め、正答数を一問水増しした。しかし同じ破棄条件でも、「a」と「n」の文字を使わずに作文を書くという苦難を乗り越えた協力者は、臆面もなかった。三問も多い正答数を申告したのだ。つまり、課題の負荷が高く、消耗を招くものであればあるほど、協力者はごまかしを増やしたことになる。

これらの結果は何を示しているだろう？　一般に、意志力がすり減ると、欲求を抑えるのにとても苦労するようになり、その苦労のせいで正直さまでがすり減ってしまうのだ。

祖母たちの訃報

わたしは長年の教職経験から、いつも学期の終わりごろになると、学生の親戚の訃報が相次ぐことに気がついた。しかもそのほとんどが、期末試験の一週間前と、論文の締切直前に集中する。一学期あたりの平均では、わたしの学生の一割ほどが、だれかが——たいていは祖母が——亡くなったと言って、締切の延長を求めてくる。もちろんわたしはとても悲しい気もちになり、学生を気の毒に思って、課題を終わらせる猶予をいつも与えることにしている。だが疑問は残る。期末試験前の数週間のいったい何が、学生の親戚にこれほどの危険をもたらしているのだろう？

世の教授たちも同じ不可解な現象に遭遇しており、試験と祖母の急死との間に、何らかの因果関係があるのではと疑うようになった。実際、ある怖いもの知らずの研究者が、これを証明することに成功した。マイク・アダムズ（イースタン・コネチカット州立大学の生物学教授）は数年にわたってデータを収集し、祖母が亡くなる確率が、中間試験の前は一〇倍、期末試験の前には一九倍にも跳ねあがることを示した。おまけに、成績が芳しくない学生の祖母は、さらに高い危険にさらされていた。落第寸前の学生は、そうでない学生に比べて、祖母を亡くす確率が五〇倍も高かったのだ。

アダムズは悲しい関連性を検証した論文のなかで、この現象を家庭内の力学によるものだろうと推測している。つまり学生の祖母たちは孫のことを大切に思うあまり、試験のことを「死ぬほど」心配するというわけだ。たしかにそう考えれば、リスクが高い学生、とくに学業の前途が危うい学生ほど、不幸に見舞われやすいことの説明がつく。この研究成果を踏まえると、期末試験前から試験中にかけて、祖母たちを――とくに落ちこぼれ学生の祖母たちを――体調不良の兆しがないかどうか注意深く見守ることが、公共政策の観点からは重要になる。またもう一つの提案として、彼女らの孫たち、とくに成績が芳しくない孫たちは、試験の時期やクラスでの成績について、祖母にいっさい知らせるべきでない。

とまあこのように、家庭内の力学が悲劇的な展開を招く可能性はあるが、祖母たちを年に二度襲うように思われる災難には、別の説明も考えられる。親愛なる老婦人たちが本当に命を脅かされているというよりは、学生の準備不足と、その結果としての時間稼ぎの必要性と関係があるのだろう。もしそうなら、学生がとくに学期末になると、（教授への電子メールのなかで）祖母を「亡くす」可能性が高まるのは、いったいなぜだろう？

たぶん学生は何カ月かぶっとおしで勉学に励み、昼夜忙しい生活を続けるうちに、学期末になるとあまりにも消耗して道徳心をやや失い、その結果祖母の命への敬意が薄れるのだろう。人が長いケタ数の数字を覚えようと集中したあげく、チョコレートケーキに走るなら、数カ月間の授業でたまりにたまった教材と格闘する学生が、プレッシャーを和らげようとして祖母の死を捏造するのは、さもありなんと思われる（だからといって、教授に嘘をつくことの言い訳にはならないが)。

ともあれ、世のなかの祖母たちに告ぐ。期末試験のシーズンには、お体を大切に。

赤、緑、青

消耗すると論理的思考力が多少低下すること、またそれとともに道徳的に行動する能力も衰えることがわかった。

それでも現実世界では、不道徳な行動をとってしまいそうな状況から、自分の意志で身を遠ざけることができる。消耗すると不正直な行動をとりやすいことを少しでも自覚していれば、これを考慮に入れることで、誘惑を完全に避けられるかもしれない(たとえばダイエットの領域で誘惑を避けるには、腹が減っているときに食料品を買わないなど)。

次の実験では、そもそもごまかしをしたくなるような状況に身を置くかどうかを、協力者が自分で選ぶことができた。今回も消耗と非消耗の二つのグループをつくったが、精神的疲労を与える手段として、「ストループ課題」と呼ばれる別の方法を使った。

この課題では、協力者に色の単語が書かれた五列×一五行の表(七五個の単語)を見せた。表には色の名前(赤、緑、青)が、この三色のうちのどれかのインクで印字され、順不同で並んでいる。協力者は目の前にある表を見ながら、表中の単語の文字色を声に出して読んだ。こんな簡単な指示を与えた。「赤色のインクで印字された単語は、何と書いてあっても、『赤』と読んでください。緑色のインクで印字されていれば、何であれ『緑』と読む。これを最後まで、できるだけ早くやってください。間違えたら、正しい色を言えるまでくり返してください」

「非消耗」条件で配られた色の表は、色の名前が、たとえば緑なら、同じ緑色のインクで印字されていた（巻頭口絵、図A参照）。しかし「消耗」条件の協力者は、与えられた指示は同じでも、配られた表には大きな違いが一つあった。文字の色と意味が一致していなかったのだ（たとえば「青」という単語が緑色のインクで印字されていて、それを「緑」と読まされた。巻頭口絵、図B参照）。

非消耗条件の課題を、実際に試してみよう。「一致する色単語」表にある単語の色を全部言い終えるのに、どれくらい時間がかかるだろう？　それが終わったら、次に消耗条件を試してほしい。「一致しない色単語」表の単語の色をすべて言うのに、どれだけかかるか時間を計ってみよう。

さて、あなたは二つの課題にどれだけ時間がかかっただろう？　もしあなたが協力者のほとんどと同じなら、一致表を読み上げる（非消耗条件）のはたぶん六〇秒ほどで終わったが、不一致表を読み上げる（消耗条件）のには、その三、四倍の労力と時間がかかったはずだ。

皮肉にも、不一致表の色を答えるのが難しい理由は、読書能力にある。読書経験が豊富な人は、目に入った単語の意味がぱっと浮かぶため、単語の色ではなく意味を、ほとんど自動的に口に出してしまう。緑色で「赤」と書かれた単語を見ると、ついつい「赤！」と叫びたくなるわけだ。だがそれは、この課題で求められていることではない。だから多少の努力を払って最初の反応を抑えこみ、インクの色を言わなくてはいけない。それにあなたも気づいたと思うが、この課題を根気よく続けていると、より制御された、努力を要する（正しい）反応を優先させるために、とっさの自動的な反応をくり返し抑圧することになるから、精神的疲労のようなものを感じる。

協力者は簡単な、または困難なストループ課題を終えると、次にフロリダ州立大学の歴史に関する四択クイズにとりくんだ。たとえば「大学が創立されたのはいつですか？」「同校のフットボールチームは、一九九三年から二〇〇一年までの間に、全米大学フットボール選手権大会に何回出場したでしょう？」といった問題だ。問題は全部で五〇問で、四つの選択肢から答えを選ぶようになっていた。協力者には成績に応じて報酬が支払われた。また協力者は全部の問題を解き終えたら、マークシートをもらって、答えを問題用紙からマークシートに書き写し、問題用紙そのものは破棄して、マークシートだけを提出して報酬を受けとるという手順になっていた。

あなたはごまかしのチャンスがある条件の学生だ。ちょうどいまストループ課題（消耗版か非消耗版のどちらか）を終えたところだ。数分かけて問題を解き、制限時間が終了しする。

た。あなたは実験者のところに行って、答えを書き写すためのマークシートをもらおうとする。

「まあいやだわ！」。実験者はムッとして唇を噛んだ。「マークシートがなくなりそうじゃないの！　未使用のものが一枚と、解答がマークしてあるものが一枚しかないわ」。あらかじめ解答がマークされたマークシートは、答えに消しゴムをていねいにかけたのだが、それでも答えがうっすら見えるという。彼女は自分に腹を立て、あなたのあとにもう一人だけ、テストを受ける人がいると打ち明ける。彼女はそこで尋ねる。「あなたは残りの二人のうちの一人めだから、どちらの用紙にするか選んでくださる？　新しいものと、あらかじめマークされているものと、どちらにしますか？」

　もちろんあなたは、あらかじめマークされたマークシートを選べば、ごまかしをする場合に有利になることに気づく。ならば、それを選ぶだろうか？　なかには思いやりから、マークされた用紙を選ぶ人もいるだろう。実験者がもう悩まなくてもいいように、助け船を出すつもりで。またごまかしをしたいから、マークされた用紙を選ぶ人がいるかもしれない。あるいはマークされた用紙を見るとごまかしをしたくなってしまうから、正直で高潔で道徳的な人間でいるために、あえて別の用紙を選ぶとか。どちらを選んだとしても、あなたは答えをマークシートに書き写し、もとの問題用紙を破棄してから、マークシートを実験者に返し、成績に応じた報酬を受けとる。

さて消耗した協力者は、誘惑的な状況から身を遠ざけることが多かっただろうか、それとも引き寄せられただろうか？　ふたを開けてみると、彼らは消耗していない協力者に比べて、ごまかしをしたくなる用紙を選ぶ確率が高かった。それに彼らは消耗した結果、ダブルパンチを喰らった。つまり、消耗していたせいで、マークされた用紙を選ぶ確率が高くなっただけでなく、（前の実験で見たように）ごまかしが可能なときにごまかしをする確率まで高まったのだ。ごまかしをする方法が二つ組み合わさったことで、消耗した協力者が受けとった報酬は、消耗しなかった協力者の二・九七倍にものぼった。

日常生活での消耗

あなたは野菜とタンパク質だけの食事をしていて、仕事帰りに食料品を買いに行く。軽い空腹を感じながらスーパーマーケットに足を踏み入れると、パン売り場から焼きたてのパンの香りが漂ってきた。生のパイナップルが安売りになっている。大好物だがご法度だ。あなたは肉売り場にカートを転がしていき、鶏肉を買う。カニコロッケにそそられるが、炭水化物が多すぎるからと、とおり過ぎる。サラダ用のレタスとトマトを手にとり、心を鋼《はがね》にしてチーズ入りガーリッククルトンから身を引き離す。とうとう無事レジにたどり着き、買いものの代金を支払った。あなたは自分を誇らしく思い、誘惑に抵抗できたことにとても満足している。ところが無事店を出て、車に向かう途中、学校の焼き菓子販売会《ベイクセール》のそばをとおりかかった。かわいらしい女の子が試食をどうぞと言って、ブラウニーを一切れくれる。

さて、消耗について多少学んだあなたは、ここまで雄々しく誘惑に抵抗してきた結果、自分が何をしでかしてしまうか予想できるだろう。まず間違いなく誘惑に屈して、一口かじってしまうのだ。おいしいチョコレートが飢えた味蕾の上でとろりと溶けていくのを味わったいま、素どおりできるはずがない。もっと食べたくて死にそうだ。結局、八人家族でも食べきれないほどのブラウニーを買いこみ、まだ家にたどり着いてもいないのに、半分がもう胃袋のなかだ。

次はショッピングモールについて考えよう。あなたは新しいウォーキングシューズが必要になった。高級デパートのニーマン・マーカスから総合スーパーのシアーズまで、きらびやかで誘惑的な商品に見とれながら歩いていると、必ずしも必要ではないがほしい品々が、やたら目に入る。ほら、あそこには憧れの新しいグリルセットがある。次の冬用のフエイクムートン、それに大晦日のパーティにぴったりの金のネックレスも。あなたはウィンドウに飾られた魅力的な品をとおり過ぎるたびに、衝動を押しつぶし、意志力を少しずつすり減らしていく。そんなわけで一日の終わりに近づくにつれて、ますます誘惑に屈しやすくなるのだ。

わたしたちは人間であり、誘惑に屈しやすいから、だれもがこの点で苦しむ。一日中複雑な決定を下し続けていると（しかもそのほとんどが、色と意味が一致しない単語の色を答えるよりずっと難しくて負荷が大きいときている）、衝動と理性の葛藤を生むような状況に何度もとらわれる。重要な決定（健康、結婚など）になると、葛藤は輪をかけて激しくなる。皮肉なことに、衝動を抑えようとする単純で日常的な努力が、自制心の在庫を減らしていき、その結果ますます誘惑に駆られやすくなるのだ。

さて消耗の影響を知ったいま、人生のさまざまな誘惑にいったいどう立ち向かえばいいのだろう？　わたしの友人で、毎日のように大変な誘惑と闘っていた、ミシガン大学の経済学者ダン・シルバーマンに教わった方法を紹介しよう。

ダンとわたしは、プリンストン高等研究所での同僚だった。この研究所は幸運な研究者たちにとって、夢のような場所だ。一年休暇をとって、考えごとをし、森へ散歩に行き、たらふく食べる以外のことをほとんどしなくていいのだから。毎日、人生や科学、芸術について、またあらゆるものの存在理由について考えながら午前中を過ごし、それからおいしい昼食に舌鼓を打った。メニューはたとえば鴨のむね肉にポレンタとマッシュルームのグラッセを添えたもの。それにもれなくすばらしいデザートがついてくる。アイスクリーム、クレームブリュレ、ニューヨークチーズケーキ、ラズベリークリームをはさんだトリプル・チョコレートケーキなど。超甘党のかわいそうなダンには、まるで拷問だった。頭脳明晰で、合理的で、コレステロール過多の経済学者であるダンは、デザートを食べたいが、毎日デザートを食べるのが体によくないことも重々承知していた。

ダンはこの問題についてしばらく考え、結論を出した。合理的な人間は、誘惑にさらされたら、たまには屈するべきだと。なぜだろう？　そうすれば消耗しすぎずに、次にやって来る誘惑を迎え撃つ力を温存できるからだ。そんなわけで、将来の誘惑に細心の注意を払い、警戒していたダンは、こと毎日のデザートに関する限り、いつも「刹那《せつな》を楽しむ」主義だった。そしてそう、ダンはエムレ・オズデノレンとスティーブ・サラントとともに、この手法の正しさを証明する学術論文まで執筆している。

もう少し真面目に言うと、自分が一日じゅう誘惑にさらされっぱなしだということ、また時間の経過とともに抵抗が積みあがっていくうちに、誘惑に抗う力が弱まることを自覚する必要があると、消耗に関するこれらの実験は教えてくれる。本気で体重を落としたいなら、糖分、塩分、油分を多く含む食品や加工食品を、棚や冷蔵庫から一掃し、新鮮な野菜や果物の味に慣れることだ。なぜそうすべきかと言えば、フライドチキンやケーキが体に悪いとわかっているからだけではない。こういう誘惑に一日じゅう（また棚や冷蔵庫を開くたびに）さらされていると、ほかの誘惑を撃退するのがますます難しくなるからなのだ。

それに消耗を理解することで、自制が必要な状況（たとえば職場での退屈きわまりない仕事など）には、まだ消耗していない日中の早い時間に（できる限り）向き合うべきだとわかる。ただしそう言われたからと言って、すぐにそのとおりにできるものではない。なぜならわたしたちをとり巻く商業的な力（酒場、オンラインショッピング、フェイスブック、ユーチューブ、オンラインゲームなどなど）は、誘惑と消耗の両方を糧にしているからだ。だからこそ、あれほど成功しているのだとも言える。

たしかに、自制心を脅かされる状況を完全に避けることはできない。では、いったい希望はあるのだろうか？　一つ提案がある。誘惑にさらされると、背を向けるのが難しいとわかっているなら、近づきすぎて身動きがとれなくなる前に、欲求の引力から抜け出すのが得策だ。この助言はそう簡単に受け入れられないかもしれないが、実はキッチンカウンターに居座る誘惑に打ち勝つより、誘惑自体を避ける方がずっと楽なのだ。どうしても無理だという人は、誘惑と闘う能力を養ってもいい。一〇〇まで数える、歌を歌う、行動計画を立ててそれを守りとおすなど。こういったコツのどれをやっても、誘惑を克服するための武器を蓄え、この先衝動に抗うための態勢を整えるのに役立つ。

最後に言っておきたいのだが、消耗はときには役に立つこともある。わたしたちはあまりにも厳しく管理され、多くの制約に縛られていて、衝動のおもむくまま行動できないと感じることがある。もしかすると、ときどきは分別くさい大人でいるのをやめて、羽目を外した方がいいのかもしれない。そこで秘訣を教えよう。今度感情をさらけ出して野性に身を任せたくなったら、まず長い自伝的エッセイを「a」と「n」の文字を使わずに書いて、とことん消耗しよう。それからショッピングセンターに出かけて、いろいろなものを片っ端から試してみるが、何も買ってはいけない。そして、あらゆる消耗が重くのしかかった状態で、お好みの誘惑的な状況に身を委ねて、思い切り羽目を外すのだ。ただし頻繁にやりすぎないように。

それから、誘惑にときおり屈するためのそれらしい口実が必要な人は、ダン・シルバーマンの合理的放縦仮説という切り札を使おう。

第五章　なぜにせものを身につけるとごまかしをしたくなるのか

わたしがファッション界にデビューしたときの話をさせてほしい。大学院時代の友人のジェニファー・ワイドマン・グリーンは、ニューヨーク市に住むようになってから、ファッション業界に知り合いがたくさんできた。わたしは彼女をとおして、業界を代表する雑誌『ハーパース・バザー』に勤めていた、フリーダ・ファワル・ファラーと知り合った。何カ月かして、フリーダから同誌の講演会で話をしてくれないかという誘いを受けた。いつもと毛色の違う人たちが聴衆とあって、喜んで引き受けることにした。

講演をする前、マンハッタン中心部にそびえ立つ巨大ビルの、エスカレーターを見下ろすバルコニーカフェでカフェラッテをすすりながら、フリーダ直々にファッションの簡単な手ほどきを受けた。フリーダはとおりすがりの女性一人ひとりのいでたちを、身につけているブランドから、洋服と靴から見たライフスタイルまで、ズバリ解説してくれた。彼女の細部まで見逃さない注意力と、それにもちろんファッション分析のすべてに舌を巻いた。きっとバードウォッチャーの名人が、種ごとのわずかな違いを見分けるようなものなのだろう。

それから三〇分ほどして、わたしはファッション界の大御所たちがひしめく観客席を前にしていた。大勢の魅力的で身なりのよい女性に囲まれて、このうえなくいい気分だった。一人ひとりの女性が、まるで博物館の展示物のように見えた。宝石にメイク、そしてもちろん、目を見張るような靴。フリーダの個人教授のおかげで、聴衆を見わたしたとき、いくつかのブランドを見分けられた。それぞれの装いがどんなファッションセンスを参考にしているのかさえ見てとれた。

おしゃれな業界人がなぜわたしを呼んだのか、わたしにどんな話を期待していたのかはわからない。それでもわたしたちは意気投合した。人がどうやって意思決定を下すのか、何かの価値を見きわめようとするときどうやって価格を比べるのか、どうやって自分を他人と比べるかといった話をすると、聴衆は笑ってほしいところで笑ってくれ、思慮深い質問を投げかけ、彼らなりの興味深い考えをたくさん示してくれた。講演を終えると、『ハーパース・バザー』の発行人バレリー・サランビエがステージに駆けつけ、わたしをハグして礼を言い、そしてプラダのしゃれた黒いボストンバッグをくれたのだった。

わたしはさよならを言ってから、新品のプラダのバッグを手にビルを出て、次の会合のあるダウンタウンに向かった。まだ時間があったから、歩いていくことにした。ぶらぶら歩きながら、プラダのロゴがでかでかと入った大きな黒い革のバッグが、気になってしかたがなかった。わたしは心のなかで考えた。この新しいバッグは、ロゴを表に向けてもつべきだろうか？　そうすれば人が気づいてすごいと思ってくれるはずだ（ジーンズと赤いスニーカーを履いた男が、どうやってこんなバッグを手に入れたのかと、不審に思われるだけかもしれないが）。それとも、プラダだと気づかれないように、ロゴを内向きにしてもつべきだろうか？　あれこれ考えたすえ、結局後者にきめて、バッグを裏返した。

ロゴが隠れていれば、プラダのバッグだと気づかれるはずがなかったし、わたしは自分をおしゃれに気を遣うようなタイプだなんて思ってもいない。それなのに、いつもと何かが違うような気がした。バッグのブランドをずっと意識していたのだ。自分はプラダを身につけているのだ！　そのせいで、違う自分になったような気がした。いつもよりちょっと背筋を伸ばし、肩をそびやかして歩いた。もしフェラーリの下着を着けたらどうなるだろうと考えた。力がみなぎってくるだろうか？　自信が出る？　機敏になる？　それとも足が速くなるだろうか？

そのままずんずん歩き続け、中華街を通り抜けた。界隈は活気や匂い、食べものに満ちあふれ、カナル・ストリートに並ぶ露店が商品を広げていた。すぐそばに、観光に来た二

○代の若い魅力的なカップルがいるのに気づいた。中国人の男が「ハンドバッグ、ハンドバッグ！」と叫びながら二人に寄ってきて、自分の小さな店の方を頭で示して促した。最初二人は相手にしなかったが、しばらくして女性が中国人の男に尋ねた。「プラダある？」

物売りはうなずいた。彼女は連れの男性と何かを相談しているようだった。男性はにっこり笑い、二人は男のあとについて露店に向かった。

彼らの言う「プラダ」は、もちろん本物のプラダではなかった。男の露店に並べられたサングラスも、本物のドルチェ・ガッバーナではない。食べものの屋台に飾られたアルマーニの香水は？　もちろんにせものだ。*

アーミンからアルマーニへ

ここでちょっと止まって、服装の歴史について、とくに社会科学で対外シグナリングと呼ばれるものを念頭に考えてみよう。対外シグナリングとは簡単に言うと、わたしたちが身につけるものをとおして、自分が何者であるかを他人に知らせる方法のことだ。時をさかのぼって古代ローマの法には、奢侈《しゃし》禁止令という一連の規制があった。禁止令はその後数世紀をかけてヨーロッパのほとんどの国に浸透した。この法では何よりもまず、身分や階級によって、だれが何を着てよいかがきめられていた。法は驚くほど詳細におよんでいた。たとえばルネサンス期のイギリスでは、貴族階級だけが身につけられる毛皮や生地、レースの種類や、平方フィートあたりの装飾ビーズの数までもがきめられていて、紳士階級は明らかに見劣りのする衣服しか着られなかった（最貧層は、たいがい法から除外されていた。かび臭い麻布や毛織物、馬の尾の毛でできたシャツなどを規制したところで、しかたがないからだ）。

一部の集団は、「堅気」の人たちと間違えられることのないよう、さらに区別されていた。たとえば売春婦が「不純さ」をシグナリングするために縞模様の頭巾の着用を強いられたり、異教徒が火あぶりの刑に処せられる可能性、または必要があることを示すために、薪《まき》の印をつけるよう強制されることもあった。きめられた縞模様の頭巾をかぶらずに外出する売春婦は、にせもののグッチのサングラスをかける人と同じで、ある意味では変装しているのと同じだった。縞模様でない無地の頭巾は、それをかぶった女性のなりわいや暮らし向きについて、誤ったシグナルを発したからだ。「身分を越えた身なりをする」者は、周りに対してもの言わずに、だがあからさまに、嘘をついていた。身分を越えた身なりを

＊当然だが、偽造品市場は中華街やニューヨーク以外にも数多く存在する。この現象は、四〇年以上にわたってますます勢いを増し、いまや無視できない深刻な事態となっている。偽造は世界じゅうほとんどどこでも違法だが、処罰の厳しさや、偽造品を購入することの是非に対する考え方は、国によって違う（以下を参照のこと。Frederick Balfour, "Fakes!" *Business Week*, February7, 2005.）

するのは死罪に値するような罪ではなかったが、法を破る者は罰金などの処罰を受けることが多かった。

こうしたルールは、上流階級のばかばかしいまでの強迫症のように思えるかもしれないが、実は世間の人たちが自らシグナリングしたとおりの身分であることを保証するための策だった。つまり、無秩序と混乱を排除するためのしくみだ（シグナリング上の利点があったのは間違いないが、この体制に戻りたいとは言わない）。現代の衣服の階級制度は、むかしほど硬直的ではないが、成功と個性をシグナリングしたいという欲求は、かつてないほど高まっている。現代のファッションの特権階級は、アーミン毛皮ではなくアルマーニを身にまとう。そしてミラノのブランド、ヴィア・スピーガの厚底ヒールが人を選ぶことをフリーダが知っていたように、わたしたちがファッションをとおして発するシグナルは、間違いなく周りの人たちに情報を与えているのだ。

ところであなたはこう思っているかもしれない。安いコピー商品を買う人たちは、何もファッションメーカーに損害を与えているわけではない。彼らの多くは、そもそも本物など絶対に買わないのだからと。だがここで忘れてはいけないのが、対外シグナリングの効果だ。何しろ大勢の人がパチモンのバーバリーのマフラーを一〇ドルで買っていたら、ほかの人たち、とくに本物を買うだけの余裕と意欲のある一握りの人は、本物のマフラーにその二〇倍の値段を出そうと思わなくなるかもしれない。せっかくバーバリーのおなじみのチェック柄の洋服を着たり、ルイヴィトンのLV柄のバッグを身につけても、にせものではないかとまず疑われるなら、本物を買うことのシグナリング上の価値はどこにある？この観点から言えば、にせものを買う人は対外シグナリングの効力を弱め、正規品（とそれを身につける人）の真正性を損なうことになる。だからこそ、ファッションブランドや、ファッションに敏感な人たちは、偽造品にこのうえない危機感を抱いているのだ。

わたしはプラダのバッグでの経験をふり返るうちに、にせものには対外シグナリングを超えた、ほかの心理的効果があるのではないかと思うようになった。本物のプラダのバッグをもって中華街にいたとき、例の女性がにせもののプラダをもって店から出て来るのを見た。わたしはプラダを自分で選んだわけでも、自分で代金を支払ったわけでもなかったが、それでも自分と自分のバッグとの関わり方と、彼女と彼女のバッグとの関わり方には、大きな違いがあるような気がした。

もっと一般的に言うと、わたしは人の身につけるものと行動との関係について考え始め、そこから社会科学でいう「自己シグナリング」という概念について考えるようになった。自己シグナリングとは簡単に言うと、人は自分で思っているほどには、自分のことをはっきりわかっていないことが多いという考えだ。わたしたちはたいてい、自分の好みや個性は、自分が一番よく知っていると思っているが、実は自分のことをあまりよくわかっていない（し、自分で思っているほど自分のことをよく知らない）。むしろわたしたちは他人の行動を観察し、評価するのと同じ方法で、自分のことを観察している。つまり自分の行動から、自分の人となりや好みを推し量っているのだ。

たとえば道ばたでもの乞いをしている人がいたとする。あなたは素どおりしたり、お金をあげたりするのではなく、サンドイッチを買ってあげることにする。この行動自体が、あなたの人となりや道徳観、性格などをきめるわけではないが、あなたは自分の行ないを、自分が思いやりのある寛大な性格のもち主である証拠として解釈する。そしてこの「新しい」情報を得たあなたは、自分が情け深い人間だと、前よりいっそう強く信じるようになる。これが自己シグナリングのはたらきだ。

同じ原則が、ファッションの小物にもあてはまるのかもしれない。わたしたちは本物のプラダのバッグをもつことで――たとえそれが本物だとだれも気づかなくても――にせものをもったときと、考え方や行動が少し変わるのかもしれない。というわけで、次の疑問が浮かんだ。わたしたちはにせものを身につけると、自分がまっとうな人間でなくなったように感じるのだろうか？　にせものを身につけることは、思いがけない悪影響を与えるのだろうか？

クロエ大集合

わたしはさっそくフリーダに電話をかけて、高級ファッションに興味をもち始めたことを知らせた（わたし自身より、彼女の方が驚いていたと思う）。フリーダはファッションデザイナーに話をつけて、実験に使うアイテムを借りてあげると請け合ってくれた。何週間かたって、ハンドバッグが二〇個にサングラスが二〇個も入った小包が、クロエから届いた。同梱の明細書を見ると、ハンドバッグの価値は合計約四万ドル、サングラスは約七〇〇〇ドルとなっていた。*

フランチェスカ・ジーノ、マイケル（マイク）・ノートン（ハーバード大学准教授）とわたしは、これらの流行品を使って、にせものを身につけた協力者が、本物を身につけた協力者と比べて、感じ方やふるまいが変わるかどうかを調べようとした。つまり、こういうことだ。協力者はにせものを身につけることで、品位に欠ける人物だという印象を他人に（そして自分にも）ふりまいているような気がして、自分の正直さがやや失われたように感じるだろうか？　また汚れた自己概念が頭にあるせいで、不正の道をそのまま歩み続ける可能性が高まるだろうか？

＊小包の噂はたちまちデューク大学じゅうを駆けめぐり、わたしはファッション愛好家の間で人気者になった。

わたしたちはクロエのアクセサリーの威光を借りて、大勢のＭＢＡの女子学生から実験への協力をとりつけた（ちなみに女性に焦点をあてたのは、女性が道徳的に見て男性と違っていると思ったからではなく――実際それまでのどの実験でも、性差はまったく見られなかった――用意したアクセサリーが、明らかに女性向けのデザインだったからだ）。最初の実験でサングラスを使うか、ハンドバッグを使うかを迷ったが、ハンドバッグをもって建物の周りを歩き回ってもらう理由を実験協力者に説明しにくいということで、サングラスに落ち着いた。

実験を始めるにあたって、まず女子学生を「本物」「にせもの」「情報なし」の三つの条件にふり分けた。「本物」条件の協力者には、これから本物のクロエのデザイナーサングラスをかけてもらうと伝えた。「にせもの」条件では、本物のクロエと見分けのつかない、にせもののサングラスをかけてもらうと教えた（ただし、実験で使ったサングラスは、実際にはすべて本物だった）。最後に「情報なし」条件では、サングラスが本物かどうかについては、何も情報を与えなかった。

女子学生がサングラスをかけると、廊下に案内して、サングラスの見え方や使い心地をあとで評価してもらうので、ポスターを見たり、窓の外を眺めたりしてほしいと指示した。しばらくたってから全員を別室に集め、違う課題をやってもらった。どんな課題？　そう、そのとおり。サングラスをかけたまま、例の数字探し課題をやってもらったのだ。

あなたはこの実験の協力者だ。研究室に行くと、ランダムに「にせもの」条件に割りふられた。実験者は、あなたのサングラスはにせものだと教え、試してみて感想を教えてほしいと言って、本物のように見えるケースをくれた（ロゴは本物そっくりだ！）。あなたはケースからサングラスをとり出し、手にとって調べ、かけてみる。そのまま廊下を歩き回り、ポスターを見たり、窓の外を見たりする。だがその間、頭のなかでは何が起きているのだろう？　このサングラスを、車内に置いてある自分のサングラスや、この前壊してしまったサングラスと比べているのだろうか？　それともこう思っているのだろうか？「まあ、このサングラスは本物そっくりね。にせものだなんてだれにもわからないわ」。いやもしかしたら、重さが本物と違うような気がするとか、プラスチックが安っぽいなどと思うかもしれない。もし自分の身につけているものがにせものだと感じた場合、そのせいで、数字探し課題でごまかしをしやすくなるだろうか？　逆にごまかしをしにくくなるだろうか？　それともごまかしの量に変化はないだろうか？

結果を教えよう。例によって、大勢の人がちょっとずつごまかしをした。だが「本物」条件で、実際より多い問題を正答したと申告した協力者が、全体のわずか三〇％だったのに対し、「にせもの」条件では七一％もの人が、実際より多い正答数を申告したのだ。

この結果は、別の興味深い質問を投げかけた。女性たちは、サングラスがにせものだと思いこんでいるせいで、ふだんより多くごまかしをしたのだろうか？　それとも本物のクロエのラベルの威光で、ふだんよりも正直に行動したのだろうか？　別の言い方をすると、にせもの条件のマイナスの自己シグナリングと、本物条件のプラスの自己シグナリングとでは、どちらの効果の方が強力だったのだろう？

わたしたちが「情報なし」条件（対照条件）を設けたのは、これを調べるためだった。この条件では、サングラスが本物かにせものかという情報を与えなかった。情報なし条件は、どう役に立ったのだろう？　仮に、にせもののサングラスをかけた女性たちと、情報なし条件の女性たちとで、ごまかしの水準が変わらなかったとしよう。その場合、女子学生は「偽造」ラベルのせいで、ふだんより不正直になったのではなく、むしろ正規ラベルが正直さを促したのだと結論づけていい。これに対して、本物のクロエのサングラスをかけた女性のごまかしの水準が、情報なし条件の女性と変わらなければ（かつにせもの条件よりずっと低ければ）、女子学生が正規ラベルのおかげで正直になったわけではなく、むしろ偽造ラベルが不正直な行動を促したと結論づけられる。

おさらいすると、本物条件の女性の三〇％と、にせもの条件の女性の七一％が、数字探し課題の正答数を水増しして申告した。では情報なし条件ではどうだったか？　この条件では、四二％の女性がごまかしをした。つまり、情報なし条件は本物条件とにせもの条件の中間だったが、本物条件の方にずっと近かった（実際、情報なし条件と本物条件の間には、統計学的な有意差は見られなかった)。以上の結果から、女性たちは正規ラベルを身につけても、ふだんより正直な行動を(少なくとも大幅には)促されなかったことがわかる。だがにせものをそれと知りつつ身につけると、道徳的な抑制力がいくぶん弱まり、その結果不正の道に歩を進めやすくなるのだ。

この話の教訓? あなたや友人、デートの相手などがにせものを身につけているときは、気をつけよう! 別の不正行為が、思ったより近くに迫っているかもしれない。

「どうにでもなれ」効果

この問題のことはちょっと置いておいて、ダイエットの話に戻ろう。ダイエットをしているとき、どんなことが起きるだろう? 初めのうちは、ダイエットの厳しいルールを必死に守ろうとする。朝食はグレープフルーツ半分と、バターを塗らない雑穀パンのトースト一枚に、ポーチドエッグを一つ。昼食は七面鳥のむね肉をのせたサラダに、ノーカロリーのドレッシングをかけたもの。夕食は焼き魚と蒸しブロッコリー。第四章「なぜ疲れているとしくじるのか」で学んだように、いまやあなたは見事に、そして予想どおり飢えている。そんなとき、だれかがあなたの前にケーキを一切れ置いた。誘惑に負けて一口食べたとたん、あなたの見方はがらりと変わるのだ。あなたは自分にこう言い聞かせる。「どうにでもなれ、ダイエットの誓いを破ってしまったんだから、一切れまるごと食べてしまえ！　それに一週間焦がれ続けた、あの絶妙な焼き加減の垂涎もののチーズバーガーに、つけ合わせをたっぷり添えたものもな。明日、いや月曜になったら心機一転、また頑張ればいいさ。今度こそ、絶対にやりとおすから」。つまり、「ダイエットに励む人」という自己概念をすでに汚してしまったことだし、ダイエットのことはすっかり忘れて、「ダイエットが不要な人」という自己イメージを満喫しようというわけだ（もちろん、明日もあさっても同じことが起きるという可能性は、この際考えない）。

フランチェスカ、マイクとわたしは、この傾向をもっとくわしく検討したかった。そこで、一つの小さな失敗（たとえばダイエット中なのに、フライドポテトを一本つまんでしまった）が原因で、とりくみ全体をすっかりあきらめてしまうことがあるかどうかを調べる実験を考案した。

今回も、あなたはサングラスをかけている。本物のクロエか、にせもの、または本物かにせものかが特定されていないもの の、いずれかだ。あなたがコンピュータの前に腰をおろすと、正方形が一本の対角線で二つの三角形に区切られた図形が、画面に映し出された。テストが始まると、正方形のなかにランダムに散らばった二〇個の点が、一秒間点滅する（次ページの図を見てほしい）。次に点が消えて、空っぽの正方形と対角線だけが残り、二つのボタンが現われる。一つには「右が多い」、もう一つには「左が多い」とある。あなたの仕事は、対角線の右側と左側のどちらに点が多かったかを、二つのボタンを使って

図3　点の課題

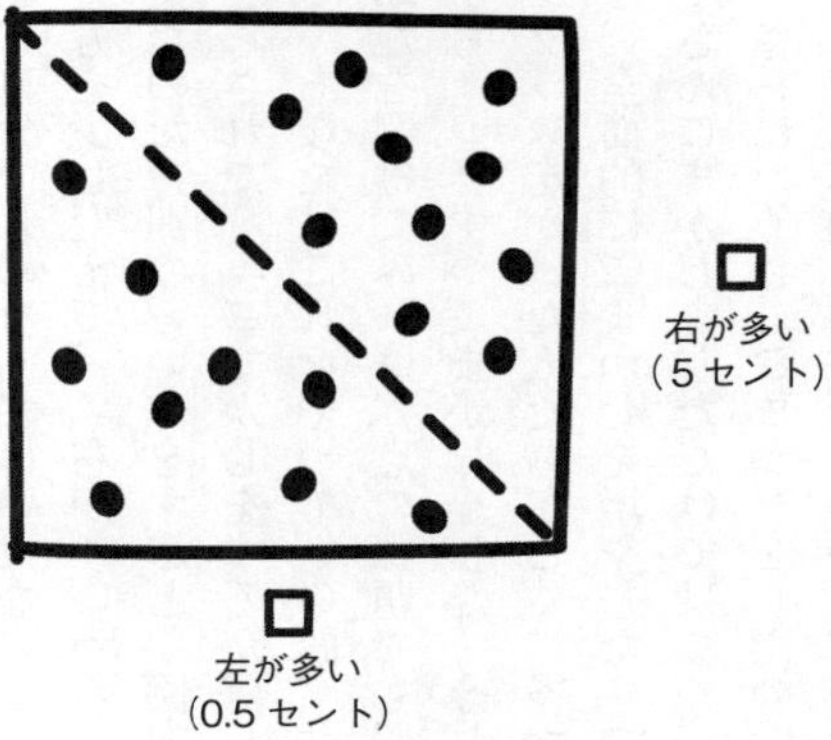

答えることだ。これを一〇〇回行なう。右側が明らかに多いこともあれば、どう見ても左側に集中していることもある。また、どちらが多いか見分けがつきにくいこともある。退屈な課題だが、そのうち慣れてくる。この一〇〇回の回答から、あなたがこのタイプの判断をどれだけ正確に下せるかがわかる。

次にコンピュータは、同じ課題をあと二〇〇回やるよう言ってくる。ただし今回あなたは、どのような決定を下すかに応じて、報酬を支払われる。くわしく説明しよう。あなたは答えが正しいか、間違っているかとは関係なく、「左が多い」のボタンを押すたびに〇・五セント、「右が多い」のボタンを押すたびに五セント（左の一〇倍）の報酬を受けとるのだ。

この報酬体系のせいで、あなたはときおり

基本的な利益相反に悩まされる。右側の点の方が多いように見えるときは、何の倫理的問題も起きない。正直な回答（「右が多い」）と、報酬が最も多く得られる回答が一致するからだ。しかし、左側の点が多く見えるときには、言われたとおり正確で正直な回答（「左が多い」）をするか、それとも自分の利益を最大化するために「右が多い」ボタンを押すかを、自分できめなくてはいけない。このかたよった報酬体系をつくることで、現実のとらえ方を少し変えて、「右が多い」ボタンを多く押してごまかしをする誘因を、協力者に与えたのだ。別の言い方をすると、協力者は正確に答えるか、利益を最大化するかの葛藤にさらされた。「ごまかしをするか、しないか、それが問題だ」の状況だ。そしてお忘れなく。あなたはこれをやっている間、サングラスをかけたままなのだ。

ふたを開けてみれば、点の課題でも、数字探し課題とだいたい同じ結果が出た。大勢の人がちょっとずつごまかしをした。そして興味深いことに、ごまかしの量は、にせもののサングラスをかけた人たちがとくに多かった。さらに言えば、にせものを身につけた人たちは、全面的にごまかしを増やした。つまり、どちら側が多いか見分けがつかないときにたくさんごまかしをしただけではなく、明らかに左側（報酬が少ない方）が正答のときには、さらにたくさんごまかしをしたのだ。

これが全体的な結果だ。しかし、わたしたちがそもそも点の課題をつくったねらいは、不正行為をするチャンスがたくさんあるとき、ごまかしの量が時間の経過とともにどのように変わっていくかを調べることにあった。つまりこう考えたわけだ。協力者は実験が始まって間もなくは、あまりごまかしをしないようにして、正直者という自己イメージを保ちながら、たまさかのごまかしから利益を得ようとするだろう。このような「バランスのとれた」ごまかしがしばらく続くが、ある時点で協力者は「正直の閾値《しきいち》」に達するのではないだろうか。この点をいったん過ぎると、協力者はこう考えるようになる。「どうにでもなれ、もうごまかしをしているんだ、やるからには思いっきりやってやれ」。そしてそれ以降は、前よりずっと頻繁にごまかしをするようになるか、はてはことあるごとにごまかしをするようになるのではないだろうか？

結果からまずわかったのは、実験が進むにつれてごまかしの量が増えていったことだ。そしてわたしたちが直感的に考えたとおり、多くの人に急激な変化が見られた。それまでちょっとしかごまかしをしていなかったのが、実験のある時点を超えると、とたんにあらゆる機会をとらえてごまかしをするようになったのだ。この一般的な行動パターンは、わたしたちが「どうにでもなれ」効果に期待したとおりの現象で、本物条件とにせもの条件のどちらにも見られた。だがにせもののサングラスをかけていた人の方が、道徳的な抑制力をかなぐり捨てて、めいっぱいまでごまかしをする傾向がずっと高かったのだ。*
「どうにでもなれ」効果という観点から見ると、人はごまかしにかけては、ダイエットでずとても似た方法で行動することがわかった。いったん自分の規範を破る（ダイエットでするをしたり、金銭的報酬を得るためにごまかしをする）ようになると、自分の行動を抑えようという努力をずっと放棄しやすくなる。そしてそれ以降、さらに不品行なことをする誘惑に、とても屈しやすくなるのだ。

このように見てくると、「身なりは人をつくる」ということわざの示すとおり、にせものを身につけることは、倫理的判断にたしかに影響をおよぼすようだ。社会科学の研究成果の例に漏れず、この知識はよい目的にも悪い目的にも利用できる。悪い面としては、たとえば企業がこの原則を悪用して従業員の道徳心を緩め、顧客や仕入れ先、規制当局、競合企業などの「裏をかく」ことへの抵抗をなくし、だれかを犠牲にして自社の収益を増やそうとするといったことが起こり得る。他方よい面としては、不正の歯止めが利かなくなるしくみを理解することで、初期段階の犯罪にもっと注意を払い、手遅れになる前にブレーキをかけられるかもしれない。

よからぬことをたくらんで

フランチェスカとマイクとわたしは、これらの実験を終えて、人はにせものを身につけると自分に対する見方が変わること、またいったん自分を「ごまかしをする人」と見なすようになると、さらに不正な行動をとり始めることを示す証拠を得た。これが次の疑問を生んだ。もしにせものを身につけることで、自分の行動に対する見方が変わるなら、他人のことも、同じように疑うようになるのだろうか？

これを調べるために、別の協力者のグループに、「本物」か「にせもの」かを教えたうえで、例のサングラスをかけてもらった。協力者はやはりきまじめに廊下を歩き、ポスターや窓の外の風景を眺めてくれた。しかし研究室に戻ったとき、数字探しや点の課題は行なわなかった。この実験ではサングラスをかけたまま、かなり長いアンケートに答えてもらった。アンケートには、研究の真意をぼかすための無関係な質問（つなぎの質問）をたくさん混ぜておいた。そしてつなぎの質問の合間に、回答者が他人の道徳心をどう解釈、評価するかを知るための三つの質問群を忍ばせた。

A群の質問では、知り合いが倫理的に問題のある行動を行なう可能性を推測してもらった。B群の質問では、人が特定の言葉を口にするとき、嘘を言っている確率を考えてもらった。最後にC群の質問では、不正行為が可能な状況を説明するシナリオを二つ読んでもらい、それぞれのシナリオの登場人物が、機会に乗じてごまかしをする確率を予想してもらい

＊偽造品を贈りものとして受けとることは、自分で偽造品を選んだ場合と同じ効果があるのだろうかと、あなたは思っているかもしれない。わたしたちも同じ疑問をもったので、別の実験で調べてみた。結果、自分で選んだかどうかは問題ではなく、にせもの製品をもっているだけで、ごまかしをする確率が高まることがわかった。

らった。三群の質問は次のとおり。

A群——あなたの知っている人たちが次の行動をする可能性はどれくらいあると思いますか？

●買いものをどっさり入れたカゴをもって特急レジに並ぶ
●自分の番号がまだ呼ばれていないのに飛行機に搭乗しようとする
●経費を水増し請求する
●仕事が全然はかどっていないのに上司には進んだと報告する
●職場の備品を家にもち帰る
●保険会社に破損した品物の価値をごまかして申告する
●購入した洋服を着用してから返品する
●過去のセックスパートナーの数について伴侶に嘘をつく

B群——次の言葉を言う人が嘘を言っている可能性はどれくらいあると思いますか？

●遅れてごめん、すごい渋滞だったんだ
●ぼくのＧＰＡ（成績評価点）は四点満点だ
●お会いできてよかったわ、今度またランチでもしましょう

●わかりました、今夜さっそくとりかかりますよ
●ああ、ジョンは昨夜たしかに俺といたよ
●あのメール、もう送ったつもりだったのに。たしかに送ったんです

C群——次の人たちがここに書かれた行動をとる可能性はどれくらいあると思いますか?

●スティーブは、芝生や庭の殺虫剤と肥料のメーカーで業務部長を務めています。ある有毒化学薬品が、来年から販売禁止になったため、価格が暴落しました。スティーブはこの化学薬品を安値で購入して、年内に製品を製造、販売すれば、大きな利益を得られるはずです。スティーブがこの化学薬品を、合法なうちに販売する可能性を推測してください。

●デールは健康食品メーカーで業務部長を務めています。この会社の出している有機果汁飲料は、一杯が一〇九キロカロリーです。消費者が一〇〇キロカロリーという重要な水準をとても意識していることを、デールは知っています。デールは一杯のサイズを一〇%減らすこともできます。その場合、ラベルに「一杯九八キロカロリー」と表示し、細かい文字で「一本につき二・二杯」と記しておけばいいのです。デールが一杯一〇〇キロカロリーの水準を超えないように、一杯分の

容量を減らす可能性を推測してください。

結果はどうだったか？　そう、そのとおり。知り合いの行動について考える質問では（A群）、にせもの条件の協力者は本物条件の協力者と比べて、知人が不正な行動をする可能性が高いと判断した。さらに、にせもの条件の協力者は、よくある言い訳が嘘である可能性がより高いと解釈し（B群）、二つのシナリオの登場人物がうしろ暗い選択肢を選ぶ可能性がより高いと判断した（C群）。これらの結果から、人は偽造製品のせいで自分自身が不正直な行動をとるようになるだけでなく、他人のこともあまり正直でないと見なすようになることがわかった。

うまくいくまでは、うまくいってるふりをしろ

ではこうした結果を踏まえて、どうすればいいのだろう？

手始めに、偽造品にむかしから憤慨している高級ブランド企業について考えよう。こういった企業には、あまり同情する気になれないかもしれない。富裕層を顧客基盤とする高級デザイナーの「悲痛」など気にかけなくてもいいと、ごく内輪の人を除くほとんどの人は思っているだろう。にせもののプラダのバッグを買おうとするとき、あなたはこう自分に言い聞かせる。「デザイナー製品は高すぎるから、本物にお金を出すなんてばかばかしいわ」。またはこんなふうに考えるかもしれない。「どっちにしろ本物を買う気はないんだから、デザイナーは損をしているわけじゃない」「ファッション企業はもうけているんだから、にせものを買う人がいたって、屁みたいなもんだ」。どんな口実をひねり出すにせよ——それにわたしたちはみな、自分の利己的な動機に合わせて行動を正当化するのがとてもうまいのだ——高級ブランド企業側の懸念を、個人的に深刻な関心事として受けとめている人はそういないだろう。

だがわたしたちの実験結果から、ここには別のもっと悪質な筋書きが潜んでいることがわかる。偽造品の代償を払うのは、高級ブランド企業だけではない。人は自己シグナリングと「どうにでもなれ」効果のせいで、たった一つの不正行為をきっかけに、それ以降の行動が一変することがあるのだ。おまけに、その不正行為を始終思い出させるようなものが身近にあれば（「グッチ」の大きなロゴがつるについた、にせもののサングラスを考えてほしい）、長期にわたって深刻な波及効果が続く。要するに、究極的にはだれもが「道徳通貨」建てで、偽造品の代償を払わされるということだ。人は何かの「ふりをする」と、自分の行動と自己イメージ、それに周りの人たちに対する見方が変わるのだ。*

＊偽造品が周囲におよぼす波及効果を、人は自覚しているのだろうか？　これについても調べてみたところ、人はこのような効果を意識していないことがわかった。

一例として、学位証明書が世界じゅうの多くの重役室に飾られ、さらに多くの履歴書を飾っているという事実について考えよう。数年前ウォールストリート・ジャーナルに、学歴を詐称する企業重役に関する記事がのった。当時ペプシ・アメリカの社長兼COOだったケネス・カイザーのような大物も、やり玉にあがっていた。カイザーはミシガン州立大学に在籍していたが、卒業はしていない。それでも彼は長い間、ミシガン州立大学から学士号を取得したとする書類に署名し続けていたのだ[5]（もちろん、ただの誤解だった可能性もあるが）。

あるいは『ストレスが少ないほど成功は大きい』（*Less Stress, More Success: A New Approach to Guiding Your Teen Through College Admissions and Beyond*）という人気指南本の共著者、マリリー・ジョーンズの例もある。彼女はこの本のなかで、大学入試や就職で成功するには、「自分らしくあること」が何より大切だと説いている。彼女はMITの入学選考部長として人望を集め、二五年にわたってだれの目から見てもすばらしい仕事をしていた。一つだけ問題があった。そもそもこの仕事を手に入れるために、履歴書に自分の取得していない学位をいくつかつけ足していたのだ。正真正銘の不正行為だった。ジョーンズにも、自分の失脚の皮肉はわかっていた。雇用期間中に嘘の履歴書の「間違い」を訂正する「勇気をもたなかった」ことを、のちに謝罪している。「自分らしくあれ」と提唱する人気本の著者が学歴詐称で失脚したことを、わたしたちは何と考えればいいのだろう？

この種のごまかしを、「どうにでもなれ」効果に照らして考えてみよう。ひょっとすると学歴詐称は、「うまくいくまでは、うまくいってるふりをしろ」という格言のように、最初は罪の意識もなく始まるのかもしれない。だが一つのごまかしが定着すると、そのせいで道徳規範が緩み、ほかの領域でもごまかしをする可能性が高まるのだろう。たとえば大学院卒と詐称する重役が、便箋のレターヘッドや名刺、履歴書、ウェブサイトなどでいつも学歴を詐称していると、そのうち経費報告書のごまかしや、ビラブルアワーの水増し、公金濫用などに走ることは、想像に難くない。というのも、「どうにでもなれ」効果を考えると、最初のたった一つのごまかしが、自分の全体的な不正直さの水準が高まったという自己シグナリングを発し、重役はそれをもとにつじつま合わせ係数を大きくして、さらなる詐欺行為を行なうかもしれないのだ。

肝心なのは、どんなものであれ、不正行為をとるに足りないものと片づけるべきではないということだ。初犯はたいていの場合、初めてのことだしだれにも間違いはあるといって、大目に見られることが多い。それはそうかもしれないが、初めての不正行為は、その後の自分自身や自分の行動に対する見方を形成するうえで、とくに大きな意味をもつことも忘れてはならない。だからこそ、最も阻止すべきは最初の不正行為なのだ。一見無害に思われる、単発の不正行為の数を減らすことこそが重要だ。これを進めていけば、いつかより正直で腐敗の少ない社会が実現するかもしれない（第八章「感染症としての不正行為」でくわしく説明する）。

この本を盗め（盗むな）

最後になるが、ブランド偽造品に関する議論は、その同類である違法ダウンロードについても触れなければ、手落ちというものだろう（にせものサングラスに似た実験で、サングラスの代わりに違法にダウンロードした音楽や映画を使う実験を考えるとわかりやすい）。わたしが違法ダウンロードについて、興味深いことを学んだときの話をさせてほしい。このとき、わたしは被害者だった。第一作『予想どおりに不合理』が刊行されて数カ月たったころ、わたしはこんな電子メールを受けとった。

アリエリーさま
ちょうど今朝、違法ダウンロードしたあなたのオーディオブックを聞き終えました。どんなに感銘を受けたかをお伝えするために、筆をとった次第です。

わたしはシカゴの都心部出身の三〇歳のアフリカ系アメリカ人男性で、五年前からCDとDVDの違法販売で生計を立てています。家族のなかで、現在刑務所に入っておらず、ホームレスでもないのは、わたしだけです。アメリカの病理の縮図ともいうべき家族の最後の一人として、またいまも法を犯している者として、わたしが刑務所にいる家族と合流するのも時間の問題でしょう。

しばらく前のことですが、わたしは定職に就き、ようやくまっとうな生活を始められるという思いに、胸を躍らせました。でも仕事は始めてすぐに辞めてしまい、違法ビジネスに舞い戻りました。自分の手で築き、五年もかけて育てあげた違法事業を、途中で放り出すのが忍びなかったからです。自分だけの事業でしたし、あれだけの所有者意識がもてるような仕事はほかに見つからなかった。言うまでもありませんが、あなたの所有者意識に関する研究には、本当に共感しました。

でもわたしが違法な小売ビジネスに押し戻されたのは、ほかにも同じくらい重要な理由があったからです。わたしの勤めていた合法的な小売店は、忠誠心やら顧客への配慮やらの講釈を垂れながら、その意味を本当に理解していたとは思えなかった。違法産業での忠誠心や配慮は、わたしが合法的な小売事業で経験したどんなものよりもずっと強力で、真剣です。親切にもわたしから購入してくれる一〇〇人ほどの顧客との人脈を、数年がかりで築いてきました。彼らとは固く結びついた真の友人同士になり、お互いを深く思いやるようになりました。こうした顧客との結びつきや友情があったからこそ、事業を手放し、結果として彼らとの友情をあきらめるのがとてもつらかったのです。

あなたのオーディオブックを聞いて本当によかった。

イライジャより

イライジャからこの電子メールを受けとったあと、わたしはインターネットを検索して、自分のオーディオブックのダウンロード版と、紙の本をスキャンしたデータをいくつか見つけた（正直言うと、スキャンは高画質で、表表紙に裏表紙、協力者のリスト、参考文献、それに著作権情報まですべて揃っていたところが、とくに気に入った）。

「情報は自由を求めている」という考え方について、あなたがどんな立場に立っていようと、自分の労作が許可なく無償で配布されているのを見れば、違法ダウンロードの問題自体を、より個人的で、具体的で、複雑な問題として意識するようになるはずだ。一方では、自分の研究について読んでくれる人がいるのはとても幸せなことだし、役立ててもらえれば嬉しい。よく言うように大勢の方が楽しいし、何と言ってもわたしはそのために書いているのだから。だがその反面、自分の労作を断わりもなく違法にコピーされ、販売されている人たちの腹立ちも理解できる。ありがたいことにわたしには本職があるが、もし著述が主な収入源だったら、違法ダウンロードは知的好奇心の的ではなくなり、黙って見ていられなくなるに違いない。

イライジャに関して言えば、彼とはフェアな取引をしたと思っている。たしかに彼はわたしのオーディオブックを違法コピーした（し、それによって金もうけをした）が、わたしは違法産業での忠誠心や顧客への配慮について、興味深いことを学ばせてもらったうえ、将来の研究のネタになりそうなものまで手に入れたのだから。

以上のすべてを念頭に、モラル低下や、「どうにでもなれ」効果、また一つの逸脱的行為が道徳心に長期的な悪影響をおよぼす可能性に、どのように対抗すればいいのだろう？ファッションの領域であれ、人生のほかの領域であれ、一つの反道徳的行為は、また別の行為につながる可能性が高く、一つの領域での反道徳的行為が、ほかの領域での道徳心に影響を与え得ることは明らかだ。これを踏まえて、不正行為の初期兆候に注目し、満開になる前、出芽期のうちに芽を摘むよう、全力を尽くさなくてはならない。

ところで、この研究のそもそものきっかけとなったプラダのバッグはどうなったかって？　わたしは唯一可能な合理的決定を下した。母に進呈したのだ。

第六章　自分自身を欺く

あなたが柔らかい砂浜にいるところを想像してほしい。潮が引いたおかげで、ぶらぶら歩き回れる、広々としたぬれた砂浜ができた。あなたはたまに女の子をナンパしに行く場所に向かって歩いている。そうそう、あなたは元気いっぱいのワタリガニだ。実はこれからメスガニの歓心を買うべく、ほかのオスガニたちとやり合おうとしているのだ。

キュートなハサミのかわいこちゃんが向こうに見える。と同時に、ライバルが急接近してきた。この状況を乗り切る方法として一番望ましいのは、相手を威嚇して追い払うことだ。そうすればケンカになって怪我をしたり、メスとつがうチャンスを逃したりせずにすむ。自分の方が大きくて強いと、ほかのカニに思いこませるのだ。あなたはライバルに一歩、また一歩とにじり寄りながら、体を大きく見せなくてはと考える。でもただつま先立ちして、むやみにハサミをふり回すだけでは、すぐに化けの皮がはがれてしまう。どうすればいい？

必要なのは自分に活を入れて、自分が実際より大きくてタフなのだと、本心から信じることだ。自分が砂浜一大きなカニだと「知って」いるあなたは、うしろ足でできるだけ高く立って、ハサミをなるだけ大きく広げ、上へ上へともちあげる（ほかの種のオスも、たとえばシカは角、クジャクは尾を使って、また一般的には体をふくらませる仕草によって、同じことをする）。自分のつくり話を心から信じていればたじろがない。そしてその（過剰な）自信が、敵をひるませるかもしれないのだ。

話を人間に戻そう。わたしたち人間は自分を大きく見せるのに、動物よりやや洗練された方法をもっている。人間には嘘をつく能力、しかも他人だけでなく、自分自身をも欺く能力があるのだ。自己欺瞞は、自分のつくり話を信じるのに役立つ戦略だ。うまくやれば、ひるんだすきに、自分ではない自分を演じていることを、相手にうっかり知らせてしまうようなことは、まずなくなる。わたしは何も、パートナーや仕事を得る手段として、嘘をつくことを勧めているわけではけっしてない。だがこの章では、わたしたちが他人をだまそうとするうちに、どのようにして自分までだましてしまうのかを考えていこう。

あたりまえだが、わたしたちは自分の嘘を一つ残らず瞬時に信じこむことはない。たとえばあなたはスピードデートに参加した男性で、魅力的な女性に何とかいいところを見せようとしている。ワイルドな考えが頭に浮かび、パイロット免許をもっているんだと彼女に吹聴する。けれど、たとえ彼女にこのつくり話を信じさせることができたとしても、本当に免許をもっていると自分まで信じてしまい、次に飛行機に乗ったとき、パイロットに着地の極意を伝授しようとするようなことはないだろう。だがその一方で、こんな場合はどうだろう。相棒とランニング中に、ベストタイムの自慢大会になったとする。あなたは一マイル（約一・六キロ）を七分以内に走ったことがあるとうそぶくが、本当のベストタイムは七分をほんの少しだけ超えている。数日たって、ほかの人にも同じ話をする。そしてこの小ささなはったりを何度もくり返すうちに、自分が七分の壁を破っていないことを、きれいに忘れ去ることができるのだ。信じるあまり、お金を賭けてもいいとさえ思うかもしれない。

わたし自身が自分の嘘を信じこんでしまったときの話を聞いてほしい。一九八九年の夏に——退院してから二年ほどたったころだ——友人のケンとわたしは、ニューヨークからロンドンへ飛んで、別の友人に会いに行くことにした。二人で買ったロンドン行きの一番安いチケットは、インド航空だった。タクシーで空港に着いたわたしたちは、ターミナルの外にまで、長蛇の列が続いているのを見てうんざりしてしまった。ケンはすばやく頭をはたらかせ、あるアイデアを思いついた。「きみが車いすに乗ればいいじゃないか？」。

わたしはちょっと考えてみた。その方がわたしも楽だし、きっと早くとおしてもらえるに違いない（実を言うとわたしは足の血行が悪く、長時間立ちっぱなしだとつらい。ただし、車いすを使うほどではない）。

名案だということで一致したので、さっそくケンがタクシーから飛び降り、車いすを押してきた。チェックインはスムーズに終わり、まだ二時間もあったから、コーヒーとサンドイッチを楽しむことにした。だがそのうちトイレに行きたくなった。ケンが車いすを押して近くのトイレに連れて行ってくれたが、あいにく車いすのまま入れるようにはなっていなかった。それでもわたしは自分の役割を演じ続けた。車いすをできるだけトイレに近づけ、そこから命中させようと奮闘したが、そううまくはいかなかった。

トイレ問題をどうにか切り抜けると、搭乗の時間になった。座席は三〇列めだったが、飛行機の入り口に行ってみると、車いすでは幅が広すぎて機内の通路を通れないことがわかった。どうしたか？　もちろん、新しい役どころで求められていたとおりのことをした。入り口で車いすを降り、ケンの肩によろよろつかまって、座席まで連れて行ってもらったのだ。

座席に座って離陸を待っている間、わたしは空港のトイレが障害者対応でなかったこと、また座席まで行くのに、機内用の幅の狭い車いすを航空会社が貸してくれなかったことに、本気で腹を立てていた。芝居を続ける限りはトイレを使えないから、六時間のフライト中何も飲めないことに気づいて、ますますムッとした。次なる難関は、ロンドンに到着したときにやって来た。ケンにまた飛行機の入り口まで連れて行ってもらったのだが、航空会社が車いすを手配しておいてくれなかったので、ずいぶん待たされた。

この小さな冒険をとおして、わたしは一般の障害者が日々感じているいらだちを、身をもって実感した。実際あまりにも腹が立ったので、インド航空のロンドン支社長に苦情を言うことにした。ようやく車いすが来ると、ケンにインド航空のオフィスまで押していってもらった。そしてわたしはいかにも憤慨した様子で、数々の苦難と屈辱を逐一まくし立て、インド航空は世界じゅうの障害者への配慮に欠けていると言って、支社長を叱り飛ばしたのだ。支社長はもちろん深々と謝り、それからわたしは車いすに乗ったまま、ケンとその場をあとにした。

この話のおかしいところは、わたしがこの間ずっと、自分が歩けるとわかっていたくせに、役どころにあまりにもすばやく完璧に順応したため、自分の独善があまりにもリアルに感じられ、腹を立てるべき正当な理由があると思いこんでいたことだ。そしてひと騒動が終わると、わたしたちは手荷物引き取り所でバックパックを受けとり、映画「ユージュアル・サスペクツ」の謎のギャング、カイザー・ソゼのように、何ごともなかったかのように軽やかに立ち去ったのだった。

ゾーイ・チャンス（イェール大学の博士研究員）、マイク・ノートン、フランチェスカ・ジーノとわたしは、自己欺瞞を真剣に検証しようと考えた。人がどうやって、いつ自分を欺き、自分の嘘を信じるようになるのか、またそれを阻止する手だてはあるのかについて、もっと調べてみることにした。

これを調べるための第一段階として、協力者に知能検査ふうの八問の算数テストを受けてもらった（たとえばこんな問題だ。「四〇〇の一〇分の一の四分の一の二分の一は？」）。テストが終わると、対照条件の協力者は解答用紙を実験者に手わたし、実験者が解答をチェックした。これによって、協力者の平均的な成績をたしかめることができた。*

一方ごまかしが可能な条件では、解答用紙の下に解答がついていた。協力者には、解答がそこにあるから、自分でテストの得点を出して、このタイプの問題での実力を測るのに役立ててほしいと言っておいた。ただし、まず自分で問題を解き、解答は採点のためだけに使うよう、釘を刺した。協力者は問題を全部解き終えると、答えに丸つけをして、成績を実験者に報告した。

さて第一段階の結果から、何がわかっただろう？　予想どおり、「採点」の機会を与えられたグループは、平均点が数点高かった。このことから、協力者が採点するためだけでなく、成績をあげるためにも解答を使ったことがわかる。またほかのすべての実験と同じで、人はチャンスがあればごまかしをするが、めいっぱいまでごまかすわけではないことが、このときも明らかになった。

知能テストでのずる

わたしがこの実験のひらめきを得たのは、機内の座席ポケットに入っていた無料の雑誌を読んでいたときだ。あるフライトで雑誌をめくっていると、知能指数を測るというふれこみのIQテストが目についた。負けず嫌いのわたしのことだ。ぜひとも試してみなくてはなるまい。指示を読むと、解答が巻末にのっていると書いてある。一問めを解き、巻末の解答で答え合わせをすると、何と、正解だった。ところがそうやって問題を解いているうちに、いま解いた問題の答えだけでなく、次の答えにも目が泳いでしまうことに気がついた。答えをチラ見したせいで、次の問題はずっと簡単に解けた。テストを終えたとき、ほとんどの問題が正解で、ひょっとすると自分は天才かもしれないと思いかけた。しかし、やはり考えざるを得なかった。得点が高かったのは、わたしが超人的頭脳のもち主だからなのか、それとも目の端で答えを見たせいなのだろうか（もちろんわたしとしては、知能のおかげと思いたかったのだが）。

＊標準的な数字探し課題の代わりに、ＳＡＴ（大学進学適性試験）に似た問題を使った理由は、この手の問題の方が、「初めからわかってた」という感情と自己欺瞞を、より自然に呼び起こせるのではないかと思ったからだ。

どんなテストでも、雑誌や学習参考書でよくあるように、解答が別のページにのっていたり、同じページに逆さに書いてあったりすると、同じことが起きる。テストの練習をするとき、自分は賢いと自信をもつために、解答を使うことがよくある。自分の答えが間違っていても、本番では絶対しないポカミスをしたせいだと言い聞かせる。どちらにしても、自分が実力以上に賢いという、思いあがった考えをもつようになる。そしてそれは、わたしたちがたいてい喜んで受け入れようとする考えなのだ。

実験の第一段階の結果から、協力者が自分の得点をよくするために、解答を先に見ることが多いとわかった。だがこの結果だけでは、彼らが単純なむかしながらのカンニングをしていたのか、それとも自分を欺いていたのかはわからなかった。別の言い方をすると、協力者がごまかしをしていることを自覚していたのか、それとも答えは初めからわかっていたと、本心から信じるようになったのかは、この時点ではまだわからなかった。これを見きわめるために、次の実験に別の要素を加えた。

あなたはさっきのような実験に参加している。八問のテストをやって、実力では四問（五〇％）しか解けなかったが、ページの下欄の解答を使って、六問（七五％）解けたと申告した。さて、あなたは自分の実力を五〇％程度だと考えるだろうか、それとも七五％に近いと思うだろうか？　もしかしたら、解答を見て得点を稼いだことを自覚していて、自分の実力が五〇％に近いことに気づいているかもしれない。あるいはまた、実際に六問正解したふりをして報酬を受けとったことで、自分の実力は七五％レベルの方に近いと、本心から思いこむようになったかもしれない。

ここで、実験の第二段階の出番となる。算数テストを終えたあなたは、次のテストで何点とれるか予想するように言われる。このテストでは、さっきのテストと似た問題が一〇問出題される。ただし、今回はページの下欄に解答がついていない（つまり解答を参照するチャンスがない）。さてあなたは次のテストでどれくらいの成績をとると予想するだろう？　第一段階での実力（五〇％）をもとに予想を立てるだろうか、それともかさ上げした能力（七五％）をもとに予想するだろうか？　つまり、こういうことだ。もしあなたが前のテストで、解答を使って得点をかさ上げしたことを自覚していれば、次のテストでは、前のテストで自力で解いた場合と同じだけ（八問中四問、つまり五〇％）正解すると予想するはずだ。けれど、もしあなたが六問正解したのは実力であって、解答に頼ったからではないと、本気で信じるようになっていたらどうだろう？　それなら次のテストでも、より多くの問題（七五％程度）に正答すると予想するに違いない。もちろん実際には半分ほどしか正解できないのだが、あなたは自己欺瞞でカニのようにふくれあがり、自分の能力への自信を高めているわけだ。

結果、協力者は後者の自己誇張を経験していた。第二段階での成績予測から、協力者が第一段階で解答を使って得点をかさ上げしただけでなく、その得点を自力であげたのだと、すぐに思いこむようになったことがはっきりした。要するに、第一段階で自分で採点するチャンスを与えられた（かつごまかしをした）協力者は、かさ上げされた成績が、自分の実力を正しく反映していると信じるようになったのだ。

ところで、第二段階で正確な予想に報酬を与えたらどうなるだろう？　お金がかかっていれば、第一段階で解答を使って得点をかさ上げしたという事実を、これほどあからさまに無視しなくなるかもしれない。そこでもう一度同じ実験を別の協力者のグループでくり返し、二度めのテストの成績を正しく予想すれば、二〇ドルの報酬を与えると伝えた。ところが正確な予想に金銭的誘因を与えられても、彼らは問題をすべて自力で解いたと思いこみ、自分の能力を過大評価する傾向にあった。正確に予想することへの強い動機づけも、自己欺瞞の力の前にはかなわなかったのだ。

そんなの初めからわかってた

わたしは学術関係者からビジネスマンまで、いろいろな集団を相手に、自分の研究に関する講演を相当な回数行なっている。講演を始めたばかりのころは、まず実験について説明し、それから結果を教え、最後にそこからどんなことを学べるかを語るという順番で、話を進めることが多かった。だが聴衆のなかには、結果を話してもまったく驚かず、しかもそれをわざわざ言いに来る人たちがよくいた。わたしはこれをかねがね不思議に思っていた。というのも、研究を行なった当のわたしですら、結果に驚かされることが多かったからだ。彼らは本当にそれほど洞察力があるのだろうか？　なぜわたしより早く、結果の察しがついたのだろう？　それとも、あとづけでわかっていたような気がしただけなのだろうか？

そのうちに、わたしはこの「初めからわかってた」感に対抗する方法を思いついた。実験の結果を、聴衆に予想してもらうことにしたのだ。まず実験の設定と、何を測定したかを説明してから、しばらく時間を与えて、結果について考えさせる。それからどんな結果が出たかを挙手で聞いたり、どこかに予想を書きとめてもらう。そうやって聴衆が答えを選んでから、初めて結果を教えるのだ。さいわい、このやり方は効果てきめんだ。先に尋ねる方式にしてから、「初めからわかってた」という反応を受けることはまずなくなった。

最初から正しい答えがわかっていたと思いたがる人間の傾向に敬意を表して、わたしはデューク大学の自分の研究所を、「先進後知恵《あとぢえ》研究センター」（The Center for Advanced Hindsight）と名づけた。

わたしたちの誇張癖について

むかしむかし、と言っても一九九〇年代初めのことだが、高名な映画監督のスタンリー・キューブリックは、自分のなりすましがいるという話を、アシスタントからたびたび聞くようになった。キューブリックを名乗る男は（実の名をアラン・コンウェイといい、黒ひげの監督とは似ても似つかない風貌だった）、自分の（にせの）正体をロンドンじゅうに触れ回った。本物のスタンリー・キューブリックは、パパラッチを避けるため、人前に出ることを極端に嫌っていたため、外見はほとんど知られていなかった。そんなわけで、有名な監督に個人的に「お近づき」になれるとあって、だまされやすい人たちがコンウェイのえさにホイホイ引っかかった。キューブリックの映画に出資、配給していたワーナー・ブラザーズは、キューブリックの事務所に毎日のように電話をかけてきて、なぜ「スタンリー」が連絡をくれないのかといぶかしむ人たちの苦情を伝えた。彼らは酒や食事をおごり、タクシー代まで出して、次の映画に起用してもらう約束をとりつけていたのだ！

ある日、元演劇評論家でニューヨーク・タイムズの論説コラムニストを務めるフランク・リッチが、ロンドンのレストランで妻と友人夫婦と食事をしていた。たまたま近くのテーブルに居合わせたにせキューブリックは、ナイト爵をもつ国会議員と若い男性らを、映画制作の裏話で楽しませていた。にせキューブリックは隣のテーブルにリッチを見つけると、つかつかとやって来て、自分を「創造的に休眠状態」と呼んだかどで、ニューヨーク・タイムズを訴えるつもりだと息巻いた。リッチは人前にめったに姿を見せない「キューブリック」に会えて興奮し、すぐさまインタビューを申しこんだ。コンウェイはリッチに自宅の電話番号を教えて電話をかけるよう言い、そして……姿をくらました。

この出会いからほどなくして、コンウェイの悪事が明るみに出るようになり、リッチを始め多くの人たちがだまされたことを知った。最終的に事実が明らかになったのは、コンウェイが自分の物語を記者に売るようになってからのことだ。彼は精神を病んでいたと主張した（「実に不思議なことが起きた。キューブリックにいきなり体を乗っとられたんだ。わたしは自分がキューブリックだと、本気で思っていたのさ！」）。コンウェイは、最後は文無しのアル中として人生を終えた。キューブリックの亡くなる四カ月前のことだった。*

これはかなり極端な物語だが、コンウェイはキューブリックになりすまして徘徊していたとき、自分がキューブリックだと本気で信じていた可能性はある。ここで疑問なのは、人によって、自分の嘘をとくに信じやすい人がいるのかどうかということだ。この可能性

＊この物語はキューブリックのアシスタント、アンソニー・フルーウィンによって『ストップ・スマイリング』誌に発表され、映画「アイ・アム・キューブリック！」の原案となった。コンウェイはジョン・マルコヴィッチが演じた。

を検討するために、わたしたちは基本的な自己欺瞞の実験をもう一度くり返した。ただし今回は、協力者に自分の失敗に目をつむる一般的傾向があるかどうかを、合わせて測定した。どうやって測定したか？　協力者にいくつかの文章を読んでもらい、「そう思う」か「そう思わない」かで答えてもらったのだ。たとえば「わたしは第一印象があたる方だ」「自分の間違いをごまかしたことはない」といった文章だ。こうした文章に「そう思う」と答える傾向の高い人が、実験でも自分を欺く傾向が高いかどうかを調べるのが、この実験のねらいだった。

前の実験と同じで、「解答あり」条件の人たちは、ごまかしをして得点をかさ上げし、二度めのテストでは実力より高い得点をあげると予想した。そしてやはり前回と同様、前のテストで得点をかさ上げして自分の能力を過大に予想したがために、報酬を逃した。では自分の傾向について、「そう思う」と答えることが多かった人たちは、どうだったか？　そういう人はたくさんいた。そして第二段階のテストで最も高い得点を予想したのは、彼らだったのだ。

英雄的な退役軍人？

一九五九年にアメリカの「南北戦争兵士の最後の生存者」、ウォルター・ウィリアムズが死去した。盛大な葬儀が営まれ、パレードには数万人が参加し、一週間の服喪期間が公式に定められた。それから何年もたってから、ウィリアム・マーベルというジャーナリストが、南北戦争が始まったときウィリアムズがまだ五歳だったことをつきとめた。つまり、ウィリアムズは南北戦争当時まだ幼すぎて、いかなる資格においても兵役を務められたはずがなかったのだ。だがもっとひどい話がある。ウォルター・ウィリアムズが死ぬまで詐称していた称号は、ジョン・セイリングという男から受け継いだものだった。マーベルの調査によれば、セイリングも南北戦争兵士の最後の生存者を詐称していた。それどころか、南北戦争兵士の最後の一二人の生存者は、全員いんちきだったそうだ。

似たような話はいくらでもある。最近の戦争ではこの手の嘘をでっちあげ、つきとおすのが難しいように思われるが、やはり例外ではない。一例として、海兵隊軍曹のトーマス・ラレスは、アフガニスタンのタリバン兵士から何発もの銃弾を受けながら、負傷した兵士を救い出し、しかも友人の命を救っただけでなく、怪我を押して七人のタリバン戦士を殺したと吹聴した。テキサス州ダラスのニュース局が、この話をラレスの英雄談として大々的に報じた。のちにラレスが海兵隊員ではあるが、アフガニスタンには近づいたこともないことが判明し、同局は報道を撤回した。すべてがまったくのつくり話だったのだ。

ジャーナリストはこうした虚偽の主張を暴くことが多いが、ときにはジャーナリスト自身が嘘をつくこともある。ベテランジャーナリストのダン・ラザーは、自身の海兵隊での経歴を、目に涙をため声を震わせながら語ったが、実は基礎訓練さえ終了せず、除隊になっていたことがわかった。どうやら彼は、自分が実際よりはるかに深く海兵隊に関わっていたと、信じこんでいたようだ。(6)

人が軍歴を詐称する理由は、おそらくいろいろあるのだろう。だが履歴書や学歴、経歴を詐称する人がこれほど多いことを考えると、興味深い疑問がいくつか浮かんでくる。ひょっとすると、嘘を公然とつけば、記録として残された嘘が、虚偽の業績を「呼び起こす」業績のマーカー（目印）となって、虚構を人生の一部にしっかりくみこんでしまうのではないだろうか？　もしそうなら、自分の達成していない業績を表彰するトロフィーやリボン、その他の証明書は、業績のマーカーとして、わたしたちが自分の能力に関する誤った信念をもち続けるのを助けるのだろうか？　そのような証明書は、わたしたちが自分を欺く能力も高めるのだろうか？

この疑問を調べるための実験を説明する前に、わたしがオフィスに二枚の学位免状を誇らしげに飾っていることを話しておくべきだろう。一つは「MIT魅力《チャーム》学士号」、もう一つはやはりMITの「魅力学博士号」だ。二枚の学位免状はチャームスクールによって授与された。これは寒く陰鬱な一月に、MITで行なわれる活動だ。わたしは資格認定の要件を満たすために、社交ダンスや詩、ネクタイの結び方、舞踏会関連のスキルといった講座をせっせと受講した。そして実際、免状を壁に飾る時間が長くなればなるほど、自分のことをますますチャーミングだと思うようになったのだ。

わたしたちは最初の算数のテストで、（解答が見られる状態にして）ごまかしをするチャンスを協力者に与えて、証明書がどんな影響をおよぼすかを調べることにした。彼らが得点をかさ上げしたあとで、成績のよかった数人に、テストでの（嘘の）成績を表彰する賞状をわたした。氏名と得点を書き入れ、公式文書のように見える立派な紙に印刷するという、手のこみようだ。残りの協力者は賞状をもらわなかった。さて業績のマーカーには、協力者が（実は解答を見て少々かさ上げした）成績に対してもっていた自信を高める効果があっただろうか？　協力者は業績のマーカーのおかげで、自分の得点が実力を正しく反映していると信じるようになっただろうか？

結果、壁に飾った学位免状に影響を受けていたのは、わたしだけではなかった。賞状を受けとった協力者は、二回めのテストではさらに多くの問題に正解すると予想したのだ。「よくやった仕事」を思い出させるものがあると、その仕事を実際にどれだけよくやったかとは関係なく、自分の業績がすべて自分の手柄だと信じやすくなるようだ。

一九世紀の小説家ジェイン・オースティンは、わたしたちが私利から、また他人にも感化されて、自分の身勝手さが実は思いやりと寛大さのしるしだと信じるようになるという、すばらしい例を描いている。『分別と多感』には、長男であり法定相続人のジョンが、父との約束に含まれるものは正確には何だろうと考える、示唆に富むシーンがある。ジョンは父の最期を看とったとき、とても優しいが貧しい義理の母と三人の腹違いの妹たちの面倒を見ると約束する。そして相続した遺産からすればはした金の、三〇〇〇ポンドを与えることを自分の意志できめ、四人がそれで十分な暮らしができるだろうと考える。何しろ「これだけの大金を与えても、わたしには何の不都合もない」のだからと、彼は寛大にも考える。

ジョンは自分の考えに満足していたし、この金額ならわけなく贈与できた。ところが彼の抜け目のない自分勝手な妻が――難なく、またもっともらしい理屈をこねくり回して――夫を言いくるめる。継家族に金を与えれば、彼自身の妻と息子が「ひどい貧乏になる」というのだ。妻はおとぎ話の悪い魔女よろしく、義父は考えなしだったと非難する。何しろ老人が息子に頼みごとをしたのは、息絶える寸前だったのだ。それからジョンの義理の母の身勝手さをくどくどとまくし立てる。義理の母と腹違いの妹たちは、何だってお金を受けとる資格があるなどと思ったのだろう？　なぜ夫は義理の母と腹違いの妹たちを、父の財産を浪費してまで養わなくてはならないのか？　妻に洗脳された夫は、こう結論づける。「父の未亡人と娘たちに金を与えるのは、失礼ではないにしても、まったく必要のないことだ……」そしてめでたしめでたし、良心は満たされ、強欲は正当化され、財産はまるまる手元に残ったのだ。

スポーツにおける自己欺瞞

ステロイド（筋肉増強剤）の使用がルール違反であり、使用が発覚すれば自分の記録にも、スポーツにも傷がつくことは、どんな選手でも知っている。それなのに、新たな記録を（ステロイドの助けを借りて）打ち立てて、メディアの注目とファンの崇拝を勝ちとりたいという欲求が、多くのアスリートをドーピングによる不正に走らせる。この問題は世界じゅうどこでも、またどんなスポーツにも見られる。アメリカのフロイド・ランディスは二〇〇六年のツール・ド・フランスで優勝したが、ステロイド使用が発覚し、タイトルを剝奪された。カナダのウォータールー大学は、フットボールチームの選手八人にドーピング検査でタンパク同化ステロイドの陽性反応が出たため、チーム全体を一年間の活動停止処分にした。ブルガリアのサッカーコーチは二〇一〇年、試合前の選手にステロイドを与えて、サッカー界から四年間追放された。だがそれにしても、ステロイド使用者は試合に勝ったときやメダルを受けとるとき、いったいどう思っているのだろう？　自分は賞賛を受けるに値しないと思っているのだろうか、それとも自分の成績は純粋に実力によるものだと、心から信じているのだろうか？

それにもちろん、野球を忘れてはいけない。マーク・マグワイアはステロイドを使用していなかったら、あれほど多くの記録を打ち立てられただろうか？　また彼は、実力であれだけの成績を叩き出していると、自分で信じていたのだろうか？　マグワイア自身、ステロイド使用を認めたあとでこう語っている。「わたしがステロイドを使わなかったらこれほど多くのホームランを打てたのだろうかと、疑われることはわかっている。ステロイドを使わなくても調子のよい年もあれば、悪い年もあった。逆に、ステロイドを使って調子のよい年もあったし、悪い年もあった。だがいずれにしても、ステロイドは使うべきではなかったし、悪いことをしたと心から反省している」(7)

たしかに反省はしているかもしれないが、結局のところ彼のファンはもちろん、彼自身にさえ、本当の実力はわからずじまいなのだ。

このように、人は自分のはったりを自分で信じるようになることが多い。このような行動を食い止めるか、少なくとも軽減することはできないだろうか？　実験で成績を正確に予想することに報酬を与えても、自己欺瞞をとり除くことはできなかった。そこで今度はそれよりも前に、つまり協力者がごまかしをする誘惑に駆られたその瞬間に、介入する実験を考えた（この手法は、第二章「つじつま合わせ仮説」の十戒を用いた実験と似ている）。これまで実験協力者は、解答が自分の得点におよぼした影響に目をつむることができた。だが協力者が解答を使っているその瞬間に、解答に頼っていることをもっとはっきり自覚させたらどうなるだろうと考えたのだ。得点をかさ上げするために解答を使っていることが隠しようもなく明らかなら、解答を見なくても初めから正しい答えがわかっていたと、自分を納得させられなくなるのではないだろうか？

もとの（ペーパーテストを使った）実験では、協力者の目がいつ解答に注がれるのか、また解答の助けを借りたことを彼らがどの程度自覚しているのかがわからなかった。そこで次の実験では、協力者に同じテストのコンピュータ版を受けてもらった。解答は最初画面の下の方にあって、隠れていて見えない。カーソルを画面の下にもっていくと解答が現われるが、カーソルを離すとまた隠れてしまう。このしくみのせいで、自分が解答をいつ、どれくらい使ったかを、いやでも正確に意識させられるため、これほど明らかで意図的な行動を、そう簡単に無視できなくなるというわけだ。

結果、協力者のほぼ全員が、解答を一度以上見たが、今回は（ペーパーテストのときとは違って）二度めのテストの成績を過大に予想することがなかった。それでもごまかしはしたが、（ただ用紙の下に目を走らせる代わりに）解答を使うことを意識的に決定したことで、自分を欺く傾向がとり除かれたのだ。このように、自分がどんな方法でごまかしをしているかをはっきりと自覚させられると、業績を不当に自分の手柄にするのが難しくなるようだ。

自己欺瞞と自助

では自己欺瞞について、わたしたちはどういう立場をとるべきだろう？　そのままにしておく？　それとも排除した方がよいのだろうか？　自己欺瞞は、自信過剰や楽観主義に近いもので、この種のいろいろなバイアスの例に漏れず、よい面もあれば悪い面もある。よい面としては、根拠のない自信のおかげで、ストレスにうまく対処できるようになり、全体的な健康感が高まる、困難な仕事や退屈な仕事にとりくむ根気が出てくる、まったく新しいことを試す意欲がわいてくる、といったことがあげられる。

わたしたちがこうまでして自分を欺くのは、一つには好ましい自己イメージを保つためだ。だからこそわたしたちは自分の失敗をごまかし、成功をアピールし（完全に自力によるものでなくても）、否定しようのない失敗をしたときには、他人や環境のせいにしようとする。われらが友人のカニくんのように、それほど肝が据わっていないときでも、自己欺瞞の力を借りれば自信を高められる。自分の長所を前面に押し出すことで、異性を勝ちとり、大きなプロジェクトをやり遂げ、仕事を見つけることができる場合もある（何も履歴書を偽造しろと言ってはいないが、ほんの少し自信を高めるだけで、うまくいくことが多いのはたしかだ）。

悪い面としては、人生をあまりにも楽観視して甘い考えで行動していると、万事がうまくいくと誤って思いこみ、よりよい決定を積極的に下そうとしなくなるかもしれない。また自己欺瞞のせいで、著名大学を卒業したなどと偽って、自分の人生を「美化」していると、いずれ真実が明るみに出たとき大変なことになる。それにもちろん、一般的な欺瞞というものの代償がある。自分や周りの人が不正直だと、だれもが疑心暗鬼になる。信頼のない場所では、生きていくのが何かと大変だ。

人生のほかの側面と同じで、ここでもやはりバランスが大事だ。幸福（自己欺瞞のおかげでいくぶん増す）を求めつつも、将来のための最善の決定を積極的に下す（かつ、現実的な自己イメージをもつ）必要がある。バラ色の未来を夢見て、希望に胸をふくらませるのはもちろんすばらしいことだ。だがこと自己欺瞞に関する限り、過大な思いこみをもっていると、現実が押し寄せてきたとき、深く傷つくことになる。

嘘にも効用が

だれかのためにつく嘘は、「罪のない嘘」と呼ばれる。わたしたちは罪のない嘘をつくとき、つじつま合わせ係数を大きくしているが、利己的な動機からそうするのではない。たとえばお世辞について考えてみよう。罪のない嘘の代表格と言えば、こんな状況が思い浮かぶ。ほっそりしているとはとても言えない女性が、体のラインの出るセクシーな新しいドレスを着て、夫に尋ねる。「このドレス、太って見えないかしら？」。夫はすばやく費用便益計算をし、むごい真実を口にしたが最後、人生を棒にふることを悟る。そこでこう言うのだ。「ダーリン、とても似合っているよ」。こうしてまた一つ結婚生活が救われた。

罪のない嘘は、単なる社交辞令ということもあるが、ときには困難きわまりない状況を乗り越えるよすがになることもある。わたしはこのことを一八歳のやけど被害者として、身をもって体験した。

わたしは瀕死の事故に遭い、全身の七〇％に三度の大やけどを負った。だが医師や看護師は、最初からずっと「すべてがよくなるよ」と励まし続けてくれた。わたしもその言葉にすがる思いだった。若かったわたしは、「すべてがよくなる」とは、傷ややけど、それにいくつもの皮膚移植の跡が、だんだん薄くなって消えてしまうことだと思っていた。ポップコーンをつくったり、キャンプファイヤーでマシュマロを焼いたりするときにできるやけどが完治するようなものだと、そう信じていたのだ。

入院してから一年がたとうとしていたある日、一〇年前にわたしと同じような事故に遭って回復した、元やけど患者の男性に紹介してあげようと、作業療法士に言われた。これから社会に出て、前にやっていたことが何でもできるようになること、要するにすべてがよくなることを教えてくれようとしたのだ。だが部屋に入ってきた訪問客を見たとたん、わたしは震えあがった。彼は体じゅうにひどい傷跡が残っていて、かたちが崩れているようにさえ見えた。手を動かすことはでき、とても器用に使っていたが、手として機能しているようにはとても思えなかった。彼の姿は、わたしが完治して体の機能をとり戻し、退院したときの姿として思い描いていたものとは、あまりにもかけ離れていた。彼に会ってからわたしは深く落ちこんだ。自分の傷跡や機能が、それまで思っていたよりずっとひどいことがわかったからだ。

医師や看護師は、わたしが経験する痛みについても、善意の嘘をついてくれた。あるときわたしは耐えられないほど長く時間がかかる手の手術を受け、皮膚がきれいに治るよう指をまっすぐに保つために、何本もの長い針を指の先から関節まで入れられた。針の頭にはコルクがついていて、うっかりひっかいたり目を刺したりしないようになっていた。この不気味なしかけをつけて二カ月ほどたったころ、針を診療所で麻酔をかけずに抜きとることを知った。わたしは不安でたまらなかった。かなりひどい痛みに違いない。だが看護師は元気づけてくれた。「あら、心配することはないわよ。簡単な処置で、全然痛くないんだから」。おかげでそれから何週間かは、処置のことを心配せずに過ごすことができた。

いよいよ針を抜くときが来ると、看護師の一人がわたしの肘を押さえつけ、もう一人がペンチで針を引き抜いた。もちろん痛みは拷問のようにひどく、その後何日も続いた。それまで受けていた説明とは大違いだった。それでもよくぞ嘘をついてくれたと、いまでは感謝している。もしもどんな痛みが待ち受けているか、本当のことを教えられていたら、針を引き抜かれるまでの数週間を、精神的な苦しみや恐れ、ストレスに苛まれながら過ごすことになっただろう。そのせいで、わたしが大いに必要としていた免疫システムが崩れていたかもしれない。そんなわけでわたしは、罪のない嘘が許される状況もあると思うようになった。

第七章　創造性と不正——わたしたちはみな物語を語る

事実は、自分なりの真実を生み出す想像力をもたない者たちのためにある。

——作者不詳

むかしむかし、リチャード・ニスベット（ミシガン大学教授）とティム・ウィルソン（バージニア大学教授）という二人の研究者が、地元の商店街に店を広げて、テーブルの上に四足のナイロンストッキングを並べたそうな。それから、道行く女性たちに、四足のうちどれが好きかを尋ねた。女性たちの好みを集計してみると、右端のものが一番人気だった。なぜだろう？　素材が好きだという人もいれば、手触りや色が気に入ったという人もいた。品質が一番高いと感じた人もいた。この好みは興味深かった。というのも、四足はどれもまったく同じだったからだ（ニスベットとウィルソンは、のちにナイトガウンを使って同じ実験をくり返し、同じ結果を得ている）。

ニスベットとウィルソンは協力者の一人ひとりに選択の根拠を尋ねたが、テーブルに置かれた位置をあげた人は一人もいなかった。ストッキングはどれも同じで、右端に置かれたから選ばれているだけだと教えても、女性たちは「それを否定し、自分は聞き違えたのだろうか、それとも狂人を相手にしているのだろうかと言わんばかりの困った目つきで、インタビュアーを見つめた」。

この物語の教訓？　わたしたちは、自分がいましていることをなぜしているのか、選んだものをなぜ選んだのか、感じていることをなぜ感じているのかを、必ずしも正確に理解しているわけではない。だがたとえ本当の動機がよくわからなくても、自分の行動、決定、感情を説明する、もっともらしい理由をこしらえずにはいられないのだ。


この驚くべき作話能力は、ありがたいことに（もしかすると残念なことに）左脳のはたらきによるものだ。認知神経科学者のマイケル・ガザニガ（カリフォルニア大学サンタバーバラ校教授）が言うように、左脳は経験から物語を紡ぎ出す「通訳」なのだ。

ガザニガは分離脳患者に関する長年の研究のすえ、この結論に至った。分離脳とは、脳梁《のうりょう》（脳の左右の半球をつなぐ大きな神経の束）が切断された、珍しい症例をいう（一般には、てんかん発作を和らげるための処置として切断される）。興味深いことに、患者はこの分離脳のせいで、脳の半分に刺激を受けても、もう半分はまったく気づかないのだ。

ガザニガは、脳梁が切断された女性患者に対する実験で、右脳に何かの行動をするよう指示を与えてから、（右脳で起きていることについて、何の情報ももたない）左脳にその行動の理由を尋ねたとき、どうなるかを調べた。患者の右半球だけに指示を示す装置を使って、「笑って」という言葉を点滅させ、患者の右脳に笑うよう指示した。女性はそのとおり笑うと、彼はなぜ笑ったのか、その理由をすかさず尋ねた。女性は自分がなぜ笑ったのかさっぱりわからなかったが、「わかりません」とは言わずに、つくり話をした。「あなたたちは毎月やって来ては、わたしたちを調べる。それで生計を立てているなんて、何ておかしいんでしょう！」。どうやら彼女は、認知神経科学者はとても滑稽だときめつけたようだった。

この話は、だれもがもっている傾向の、極端な例を表わしている。わたしたちは自分の行動や、身の周りの世界がどのようなしくみになっているかについて、説明を必要とする。たとえ自分の貧弱な説明が、真相とかけ離れていようがかまわない。わたしたちは生まれながらに物語る動物であり、自分が納得し、信じられる程度にもっともらしい説明を考えつくまで、次から次へと物語を生み出す。その物語が自分をよりすばらしく、好ましく見せてくれるなら、なお都合がいい。

自分をだます

カリフォルニア工科大学の一九七四年の学位授与式で、物理学者のリチャード・ファインマンは、卒業生に対するはなむけのスピーチでこう言った。「第一の原則は、自分をだましてはならないということだ。自分というのは、最もだましやすい人なのだ」。ここまで見てきたように、わたしたち人間は、根本的な葛藤に引き裂かれている。自分や他人を欺こうとする根深い傾向と、自分を善良で正直な人間と思いたいという欲求との葛藤だ。そこでわたしたちは、自分の行動がなぜ妥当で、ときには賞賛に値しさえするのかを説明する物語を語ることで、自分の不正直さを正当化する。実際、わたしたちは自分をだますのがとてもうまいのだ。

わたしたちが自分を美化する物語を紡ぎ出すのがなぜこれほどうまいのか、その理由をくわしく説明する前に、わたしが以前自分を（とても楽しく）欺いたときの話を少しさせてほしい。もう何年も前のことだが（三〇歳のころだ）、わたしはバイクを下取りに出して車を買おうと思い立ち、自分にぴったりの車は何だろうと考えた。当時インターネットでは、わたしが礼儀上「決定支援サイト」と呼んでいるもののブームが始まったころで、ありがたいことに、どんな車を購入すればいいかをアドバイスしてくれるウェブサイトが見つかった。ウェブサイトはインタビューの手順にもとづいて、価格面や安全面の希望から、ヘッドライトやブレーキの好みに至るまで、たくさんの質問を浴びせてきた。

質問に全部答えるのに、二〇分ほどかかった。ページを答えで埋めるたびに進捗状況を示すバーが伸びて、わたしに合った理想の車にどんどん近づいていくのがわかる。最後のページの質問に答え終えると、わたしはいそいそと「送信」をクリックした。ほんの数秒で答えが出た。わたしの理想の車は何だろう？　このきめ細やかなウェブサイトによると、わたしにぴったりの車は……ダラララ（ドラムの音）……フォード・トーラスだ！

正直言うと、わたしは車には疎かった。いや、ほとんど知らなかったと言ってもいい。それでも自分がフォード・トーラスをほしくないことぐらいはわかった。*

あなたがこういう場合にどうするかはわからないが、わたしは創造力のある人ならだれでもやりそうなことをやった。もう一度プログラムに戻って、前の答えを「修正」したのだ。また回答によってお勧めの車がどう変わるかを、ときどき試したりもした。これを続けるうちに、とうとうプログラムは親切にも小型のオープンカーを勧めてくれた。まさにわたしにぴったりの車だ。わたしは賢明な助言にしたがい、オープンカーの誇らしげなオーナーになった（ちなみにこの車は、何年もの間忠実にはたらいてくれた）。

この経験が教えてくれるのは、わたしたちはときに（しょっちゅう）、自分ではっきり

＊わたしはフォード・トーラスに何のうらみもない。ただ運転したいと思える刺激的な車ではなかったというだけだ。

と意識している優先事項をもとに選択しない場合があるということだ。むしろ、自分はこういうものがほしいという直感がまずあって、それに自分の判断基準を合わせることを、頭をフル回転させてありとあらゆる方法で正当化する。そうすれば、本当にほしいものを手に入れながら、自分が合理的で理路整然とした優先事項をもとに行動しているという体裁を——自分に対しても他人に対しても——保てるというわけだ。

コインの論理

もしわたしたちが実際にこんな方法で決定を下すことが多いのだとしたら、正当化のプロセスをもっと効率化すれば、時間を節約できるかもしれない。これがそのやり方だ。あなたは二つのデジタルカメラのうち、どちらかを買おうとしている。カメラAはズーム機能つきでバッテリーのもちもいいが、カメラBは軽量でかたちがしゃれている。どちらを選ぶべきかきめかねている。モノはカメラAの方がよさそうだが、Bは見た目が気に入っているから、幸せな気分にしてくれそうだ。どうすればいい？　わたしのアドバイスはこうだ。ポケットから二五セント玉を一枚引っ張り出して、「表が出たらA、裏が出たらB」と念じる。それからコインを投げるのだ。表が出て、カメラAがあなたのほしい方なら、おめでとう！　さっそく買いに行こう。だが結果に満足できなかったら、「次が本番だ」と言って、もう一度くり返せばいい。裏が出るまで投げ続けよう。そうすれば、心の奥底でずっとほしかったカメラBを手に入れられるうえ、その決定を正当化できる。なぜって、あなたはコインの「アドバイス」にしたがっただけなのだから（コインの代わりに友人に相談するのもいい。自分のほしかったアドバイスをくれる人にあたるまで、いろんな人に相談してみよう）。

ひょっとするとこれが、わたしがオープンカーを手に入れるのに使った、あの車選びソフトの本当の役割だったのかもしれない。あれは、よりよい決定を支援するだけでなく、自分が本当に望んでいる選択を正当化する筋道を生み出すためのソフトだったのではないだろうか。もしそうなら、人生のいろいろな面のために、こういう便利なソフトをたくさん開発するといいかもしれない。

嘘つきの脳

人をだますのがとくにうまい（または下手な）人がいると、一般には考えられている。もし本当なら、そういう人をほかと分ける特徴は何だろう？　イェーリン・ヤン（南カリフォルニア大学の博士研究員）が率いる研究チームは、病的虚言者を調べることで、この疑問に対する答えを見つけようとした。病的虚言者とは、強迫的かつ無差別的に嘘をつく人たちをいう。

ヤンらは実験への協力者を探すために、ロサンゼルスの人材派遣会社に足を運んだ。定職に就いていない人たちの少なくとも一部は、病的虚言癖のせいで仕事に就けないのだろうと考えたわけだ（一時雇用者が全員そうだというわけではもちろんない）。

研究チームは一〇八人の求職者に、一連の心理テストをやってもらった。また本人のほか、同僚や家族と一対一の面接を行なって、病的虚言症を明らかにする、話の大きな食い違いが見られないかどうかを調べた。結果、このグループには、自分の仕事や学校教育、犯罪歴、家庭環境などについて語った話に、広範にわたって食い違いが見られる人が一二人いた。彼らは詐病をくり返していた人たちでもあった。詐病というのは、疾病手当などの利益を得るために病気を装う行為のことだ。

続いて研究チームは、一二人の病的虚言者と、病的虚言者ではない二一人の求職者（対照群）に脳スキャンを行なって、脳の構造を調べた。彼らがとくに注目したのは、前頭前皮質だ。これは額の真うしろにある脳の部位で、たとえば日々の計画を立てたり、身の周りの誘惑に対処する方法を考えるといった、高次思考を司ると考えられている。そのほか、道徳的判断や意思決定のよりどころにもなる。簡単に言うと、思考、論理、道徳心の司令塔のようなはたらきをする部位だ。

脳は大まかに言って、灰白質と白質という二つの物質でできている。灰白質とは、簡単に言えば脳のほとんどをつくる神経細胞の集まりのことで、思考を駆動する部分をいう。白質はいわば脳細胞を結ぶ配線だ。どんな人の脳にも灰白質と白質があるが、ヤンらは前頭前皮質内の二つの物質の相対的な量に注目した。その結果、病的虚言者は対照群に比べて、灰白質の量が一四％少ないことがわかった。これは心理的疾患をもつ人たちの多くに見られる特徴だ。つまりどういうことだろう？ 一つの可能性として、病的虚言者は前頭前皮質（善悪の判断に不可欠な部位）にある脳細胞（灰白質）が少ないため、道徳性にまで頭が回りにくく、そのせいで嘘をつきやすくなるとも考えられる。

だがそれだけではない。病的虚言者の脳は、灰白質が少ない分、何がつまっているのだろう？ ヤンらは病的虚言者の前頭前皮質内の白質が、対照群に比べて二六％から二二％多いことも発見した。病的虚言者は白質が多いので（もう一度言うが、白質は灰白質をつなぐ配線だ）、いろいろな記憶や考えを、より多くの方法でつなげることができる。この接続性の高さと、灰白質に蓄えられたさまざまな連想への自由なアクセスが、彼らを生まれながらの嘘つきにしている秘密の要素なのかもしれない。

この研究成果をふつうの人たちにあてはめると、脳の接続性が高い人ほど、嘘をつきながら、自分を立派な人間だと考えやすくなると言えるかもしれない。というのも、脳の接続性が高い人ほど、疑わしい行動を解釈、説明するための手段をたくさんもっているからだ。そしてたぶんこれが、自分の不正行為を正当化するのに欠かせない要素の一つなのではないだろうか。

創造性の高い人は報酬も多かった

わたしはこれらの結果を見て考えた。白質の多さは、嘘の多さとも、創造性の高さとも関係があるのだろうか？　何しろ、脳のさまざまな部位間の接続性が高く、より多くの連想がはたらく人は、創造性も高いように思われる。創造性と不正が関連している可能性を調べるために、フランチェスカ・ジーノとわたしは一連の実験を行なった。創造性の本質に則って、いろいろな角度から問題に切りこむことにし、まずはわりあい単純な手法から始めた。

協力者が研究所にやって来ると、これからまず一連の質問に答えてもらい、次にコンピュータを使った課題をやってもらうと説明した。ちなみに質問には、実験とは関係のない、一般的な経験や習慣について尋ねる質問もたくさん混ぜておいた（研究の真意をぼかすためだ）。それ以外の三群の質問が、研究の焦点だった。

一群めの質問では、「創造性」を表わす形容詞（洞察力がある、創意あふれる、独創的、機知に富む、型にはまらないなど）をあげて、自分にどの程度あてはまるかを答えてもらった。二群めの質問では七七の活動（ボウリング、スキー、スカイダイビング、絵画、文章を書く、などで、創造性をより必要とする活動とそうでない活動の両方が含まれていた）をあげて、それぞれを行なう頻度を尋ねた。最後の三群めの質問では、たとえば「わたしは創造的なアイデアをたくさんもっている」「わたしは創造的に考える課題を好む」

「ものごとを自分なりの方法でやるのが好きだ」といった文を読んで、自分にどの程度あてはまるかを答えてもらった。

人格特性の測定が終わると、いま答えた質問とは一見関係がなさそうな、例の点の課題をやってもらった。万一この課題を思い出せない人がいたら、第五章「なぜにせものを身につけるとごまかしをしたくなるのか」の「どうにでもなれ」効果のところを読み返してほしい。

どういう結果が出たと思う？　創造的な形容詞をたくさん選び、創造的な活動をすることが多く、自分のことを創造性が高いと思っていた協力者は、あまり創造的でない協力者に比べて、ごまかしの量は多かっただろうか、少なかっただろうか、それともほぼ同じだっただろうか？

結果はこうだ。「右が多い」ボタン（報酬が多い方）をより頻繁にクリックした協力者は、三種類の創造性測定のすべてでスコアが高かった人たちであることが多かった。さらに言えば、創造的な人とそうでない人の違いが最も顕著に現われたのは、右側と左側の点の数の差が比較的小さいときだった。

ということは、創造的な人とそうでない人の違いが主に現われるのは、目の前の状況があいまいなとき、つまり正当化の余地が大きいときということになる。対角線の両側で点の数が明らかに違う場合、協力者は嘘を答えるか、答えないかをきめるだけでよかった。

だが状況がよりあいまいで、対角線の右側と左側のどちらに点が多いか見分けがつきにくい場合には、創造性が作動し、それに伴ってごまかしの量が増えた。そして創造性の高い人ほど、対角線の右側（報酬が多い方）に点が多い理由を、自分にうまく説明できたのだ。簡単にまとめると、創造性と不正の間の関連性は、自分が正しいことをしていなくても、「正しいことをしている」という物語を自分に言い聞かせる能力と関係があるように思われる。創造的な人ほど、自分の利己的な利益を正当化する、もっともらしい物語を考え出せるのだ。

知能は関係あるか？

これは興味をそそる結果だったが、まだ大喜びというわけにはいかなかった。最初の実験で、創造性と不正には相関性があることがわかったが、それだけをもって創造性が不正と直接関連しているとは言えない。たとえばもし第三の要素、たとえば知能などが、創造性とも不正とも関連する要素だったらどうなる？

たとえば巨額詐欺事件を起こしたバーニー・マドフや、悪名高い小切手偽造犯フランク・アバネイル（映画「キャッチ・ミー・イフ・ユー・キャン」の原作にもなった自伝『世界をだました男』の著者）のような人たちを見ると、あれだけ大勢の人を欺いたのだから、さぞかし頭が切れるのだろうと思ってしまう。そう考えると、知能と創造性、不正の間に

図4　認知反射テスト

(1) バット１本とボール１個で、合わせて１ドル10セントです。バットはボールより１ドル高いです。ボールはいくらでしょう？

＿＿＿セント

(2) ５個の部品をつくるのに、５台の機械で５分かかります。100個の部品を100台の機械でつくるには、何分かかるでしょう？

＿＿＿分

(3) 湖にスイレンの葉が浮かんでいます。スイレンの数は毎日２倍に増えます。スイレンが湖を覆い尽くすのに48日間かかりました。では、スイレンが湖の半分を覆うには、何日かかるでしょう？

＿＿＿日

[答えは209ページに]

は、きっと関連性があるに違いないという気がしてくる。そこで次の段階として、創造性と知能のどちらが、不正の予測指標としてより優れているかを調べる実験を行なった。

今回もあなたは協力者の一人だ。この実験は、あなたが研究室に足を踏み入れる前から始まっている。あなたは一週間前に自宅のパソコンの前に座って、オンライン調査に答えた。この調査には、あなたの創造性を評価するための質問と、知能を測定する質問が含まれている。創造性は前の実験と同じ、三群の質問をとおして測り、知能は次の二つの方法で測る。まず最初に、三問の問題に答えてもらい、あなたが論理と直感のどちらに頼るタイプかを調べる。このとき使った問題は、シェーン・フレデリック（イェール大学教授）が収集した問題からとった。それぞれの問題に選択肢は二つあって、正しい答えと、直感的に正しいように思えるが実は間違っている答えが並んでいる。

例として、次の問題をやってみよう。「バット一本とボール一個で、合わせて一ドル一〇セントです。バットはボールより一ドル高いです。ボールはいくらでしょう？」

急いで答えて！　答えはいくら？

一〇セント？

よく頑張った、でも違う。思わず選びたくなる選択肢だが、正解ではない。

直感は「一〇セント」を選ばせようとするが、直感より論理に頼る人なら、念のため、たしかめ算をするだろう。「ボールが一〇セントだとすると、バットは一ドル一〇セントだから、合わせると一ドル一〇セント……じゃなくて、一ドル二〇セントになるぞ（0.1＋（1＋0.1）＝1.2）！」。最初の直感が間違っていることがわかれば、高校時代の代数の記憶を総動員して、五セントという正しい答えを導き出せる（0.05＋（1＋0.05）＝1.10）。SAT［大学進学適性試験］を受け直しているような気分だろうか？　正解した人はおめでとう（不正解の人も心配はいらない、残りの二問はきっと正解だ）。

次は言語性テストを使って知能を測る。あなたは一〇個の単語を見せられ（「漸減する」「酌量する」など）、それぞれの単語について、六つの選択肢のなかから一番意味の近い単語を選ぶ。

さて一週間後、あなたは研究室にやって来て、コンピュータの前のいすに腰をおろした。全員が席に着くと、説明が始まった。「今日はこれから三種類の課題にとりくんでもらいます。これは問題解決能力、知覚能力、一般常識を測るためのものです。こちらの都合で、全部を一度のセッションでやってもらいます」

一つめは問題解決課題、そう、ほかでもない、例の頼りになる数字探し課題だ。テスト時間の五分が終了すると、あなたは作業用紙を丸めてゴミ箱に放りこむよう言われる。さてあなたが申告するのは何点だろう？　実際の得点を言うだろうか、それともちょっと水増しする？

二つめの知覚検査は、点の課題だ。この課題でも、あなたは好きなだけごまかしができる。全問でごまかしをすると、一〇ドル稼げるという誘因つきだ。

最後の三つめの課題は、多肢選択方式の一般常識問題で、難易度やテーマがまちまちの五〇問が並んでいる。たとえば「カンガルーは何メートル跳べるでしょう？」（答え――

＊図4のテストの答え
A――一〇セント（思わず選んでしまう答え）、B――五セント（正しい答え）
A――一〇〇分（思わず選んでしまう答え）、B――五分（正しい答え）
A――二四日（思わず選んでしまう答え）、B――四七日（正しい答え）

七・五メートルから一二メートル）や「イタリアの首都は？」（答え――ローマ）のように、雑学的知識を問う問題だ。一問正解するごとに一〇セント、最大で合計五ドルもらえる。そしてこの最後のテストでは、まず問題用紙の正しい答えを丸で囲み、あとからマークシートに書き写すよう指示される。

あなたは問題を最後まで解き終えると、鉛筆を置いた。すると突然、実験者が何やら甲高い声で叫んだ。「あらやだ！　わたしったらバカね！　正解がマークしてあるシートを間違ってコピーしちゃったわ。本当にごめんなさい。悪いけど、あらかじめマークされたマークシートを使ってもらえないかしら？　マークに消しゴムをかけて、見えないようにしますから。いいわね？」もちろんあなたに異存はない。

さてあなたは、こんな指示を与えられる。問題用紙の答えを（あらかじめマークされた）マークシートに書き写してから、もとの自分の答えが書かれた問題用紙をシュレッダーで破棄する。それから、自分の答えを書き写した（あらかじめマークされた）マークシートを実験者に提出して、報酬を受けとること。言うまでもなく、あなたは答えを書き写しながら、ごまかしができることに気づく。自分の解答をマークシートに書き写す代わりに、あらかじめマークされた答えを塗りつぶすだけで、稼ぎを増やせるのだ（「スイスの首都がベルンだなんて、最初から知ってたさ。ついうっかりチューリッヒにしてしまっただけだ」）。

ここまでまとめると、あなたは次の食事やビール、教科書代の足しに、最大で二〇ドル稼げる三つの課題をやった。だがあなたが実際にいくらのお金をさらっていくかは、あなたの頭のよさと受験テクニック、そして道徳的指針によってきまる。あなたはごまかしをするだろうか？　もしするなら、ごまかしの量は、あなたの賢さと何か関係があるだろうか？　また創造性と関係はあるだろうか？

結果を教えよう。最初の実験と同様、創造性の高い人たちは不正をする度合いも高かった。だが知能と不正の間には、何の相関性もなかった。三つの課題（数字探し、点、一般常識）のそれぞれでたくさんごまかしをした人は、ごまかしをしなかった人たちと比べると、概して創造性テストでのスコアが高かったが、知能テストのスコアはほとんど変わらなかったのだ。

わたしたちは極端にごまかしをした人たちのスコアも調べた。ほとんどめいっぱいまでごまかしをした人たちだ。彼らは創造性のどの尺度においても、ごまかしをあまりしなかった人たちに比べて、スコアが高かった。そして知能スコアには、やはり差は見られなかった。

つじつま合わせ係数を大きくする――報復の場合

創造性は、わたしたちがごまかしをするための重要な手段なのは間違いないが、唯一の手段では断じてない。わたしの前作『不合理だからうまくいく』では、人がひどいサービスに憤慨したときにどんなことが起きるかを調べるために、ある実験を行なった。簡単におさらいすると、アイェレット・ニージー（カリフォルニア大学サンディエゴ校助教）とわたしは、ダニエルという若い俳優を雇って、地元のコーヒーショップで実験をしてもらった。ダニエルはコーヒーショップの客に、五ドルの報酬で五分間の課題に協力してくれませんかと声をかけた。いいよと言ってくれた客に、文字がランダムに並んだ問題用紙を一〇枚わたし、同じ文字が二つ連続した箇所をできるだけたくさん探して、鉛筆で囲んでくださいと指示した。課題が終わったころ、ダニエルはテーブルに戻ってきて、用紙を集め、札束をわたしてこう言った。「報酬の五ドルです。たしかめたら領収書にサインして、テーブルの上に置いておいてくださいね。あとでとりに来ますから」。そう言い置くと、次の協力者を探しに行った。ここでのミソは、彼がわたした金額が五ドルではなく、九ドルだったことで、何人の協力者が余分なお金を返してくれるかを調べようとしたわけだ。

これが「いらだちなし」条件だ。だが別のグループ（「いらだち」条件）の客は、ちょっと違う雰囲気のダニエルに会った。ダニエルは課題を説明している途中で、携帯電話のバイブが鳴ったふりをして、ポケットを手で探り、電話をとり出していきなり話し始めた。「おーマイク、なんだよ?」。それからちょっと間を置いてから、威勢よく言った。「いいね、じゃ今夜八時半、ピザでも食おうぜ。おれんちか、おまえんちか、どっちにする？」。それから「じゃあな」と言って電話を切った。このにせの会話は、全部で一二秒ほどだった。

ダニエルは携帯電話をポケットに戻すと、中断についてはいっさい触れずに、ただ課題の説明を続けた。これ以降は、「いらだちなし」条件とまったく同じように実験が進んだ。

わたしたちが知りたかったのは、電話中これほどぞんざいに扱われた客が、ダニエルに対する報復行為として、余分なお金を返さずに着服してしまうかどうかだった。実際、そのとおりのことが起きた。「いらだちなし」条件では、余分なお金を返した人が全体の四五％だったのに、「いらだちあり条件」でお金を返したのは、たった一四％だった。いらだちなし条件でも半分以上の人がごまかしをしたのはとても残念だったが、本当に気がかりなのは、一二秒間の中断が、「いらだちあり」条件の人たちを、はるかに多くのごまかしに駆り立てたことだ。

不正という観点から見れば、わたしたちがいったん人やものに対していらだちを感じると、自分の反道徳的行動を正当化しやすくなることを、これらの結果は示しているように思われる。この場合不正は、自分をいらだたせたそもそもの原因に対する代償を求める行為、つまり報復と化すのだ。何も悪いことをしているんじゃない、ただ借りを返しただけだと、自分に言い聞かせる。この理屈をもう一歩進めれば、ただカルマを回復して世界のバランスをとり戻しただけと言えるかもしれない。そうだ、正義を求める運動だ！

わたしの友人でニューヨーク・タイムズの技術コラムニストをしているデイビッド・ポーグは、わたしたちが顧客サービスに感じるいらだち——そしてそれが引き起こす復讐欲——を見事にとらえた。デイビッドは、困っている人を喜んで助けようとする、思いやりのある人物だと、彼を知る人は口を揃えて言う。そんな彼があえてだれかを糾弾したことには、とても驚いた。だがわたしたちは感情を傷つけられると、自分の道徳規範をいくらでもつくり替えてしまう。そのうえデイビッドは、以下を読めばわかると思うが、創造性豊かな人物なのだ。デイビッドの歌を紹介しよう（「サウンド・オブ・サイレンス」のメロディに合わせて歌ってもらいたい）。

やあボイスメールくん、懐かしい友よ
また技術サポートに電話したんだ
上司の警告を無視して
月曜の朝に電話したというのに
いまはもう夜だ
ぼくの夕飯はまず冷えて、それから固くなった
ぼくはまだ保留中のまま

沈黙の音を聞いている

きみはわかってくれないようだ
電話の向こうにはだれもいないんだろう
言われたとおりプッシュボタンを押し続けたけど
一八時間も待たされたままだ
きみのプログラムのせいでぼくのマックがクラッシュした
そのうえ何度もハングアップして爆弾マークが出てくる
おまけにＲＯＭさえ消えた！
いまやぼくのマックは沈黙の音を立てる

夢のなかでぼくは
復讐の妄想にふける
きみはバイク事故に遭う
傷口から血が噴き出す
薄れゆく意識のなかできみは救急車を呼んだ
腕のいい医者が来るのを祈りながら待つ

でもやって来たのはぼくだ！
沈黙の音を聞け！

創造的報復、イタリアでの物語

わたしが一七歳で従兄のヨアブが一八歳のとき、二人でバックパックを背負ってヨーロッパを旅し、最高に楽しい時間を過ごした。たくさんの人たちと出会い、美しい町や場所を観光し、美術館をめぐった。二人のじっとしていられないティーンエイジャーにはもってこいのヨーロッパ旅行だった。

わたしたちの旅程は、まずローマからイタリアを北上してフランスまで行き、最後にイギリスに向かう予定だった。最初に若者向けの鉄道パスを買ったとき、ローマのユーレイルの親切なチケット販売係の人が、ヨーロッパの鉄道網の地図を一人ずつにコピーして、わたしたちが乗る予定の鉄道のルートを、黒いボールペンでていねいになぞってくれた。パスは二カ月の有効期限内ならいつでも好きなときに使えるが、印をつけたルートでしか使えないと、彼は釘を刺すのを忘れなかった。それからコピーした薄っぺらい地図を、もう少しきちんとした、印刷された領収書と一緒にホッチキスでとめてくれた。最初、こんなにちゃちな地図とチケットのセットが車掌に通用するはずがないと思ったが、係の人は必要なものは揃っていると太鼓判を押してくれ、事実そのとおりだった。

わたしたちはローマ、フィレンツェ、ヴェネツィアのほか、いくつかの小さな町の観光を楽しんでから、ヴェローナ郊外の湖のほとりで何泊かした。湖での最後の夜を過ごし、朝起きてみると、バックパックが荒らされ、荷物が散乱していた。盗られたものがないか、急いで荷物を隅から隅まで調べてみると、洋服は全部揃っていたし、カメラも無事だった。なくなっていたのは、ヨアブの替えのスニーカー一足だけだった。大した損失でなかったと思うかもしれないが、それは違う。ヨアブの母（わたしにとってはナーバ叔母さん）はあれこれ思案して、万一お金を盗まれたときのために、緊急時の現金をもたせたがった。そこでヨアブの替えの靴のなかに、数百ドルの現金を忍ばせておいてくれたのだ。皮肉なことに、そのせいでかえって大きな痛手になってしまった。

わたしたちは町を歩き回って、ヨアブのスニーカーを履いている人がいないか探した。警察にも行った。いなかの警察官は英語をほとんど話さず、犯罪の内容を説明するのにとても苦労した。スニーカーを一足盗まれたが、右靴の底に現金が隠してあるから、どうしてもとり戻したいのだと。案の定、ヨアブのスニーカーは戻ってこず、そのせいで苦々しい思いが残った。ひどい話だと思ったし、ヨーロッパに借りを返してもらいたい気分だった。

スニーカー盗難事件から一週間ほどたったころ、当初のルートのほか、スイスとオランダにも足を伸ばしたくなった。寄り道をするには新しいチケットを買う必要があったのだが、靴が盗まれたことや、イタリアの警察があまり親身になってくれなかったことを思い出して、ちょっとばかり創造性をはたらかせて、選択の幅を広げることにした。チケット販売係と同じような黒いボールペンを使って、地図のコピーにもう一本ルートを書き足したのだ。このルートはスイスをとおってフランスに向かい、そこからオランダを経由してイギリスへと伸びていた。そんなわけで地図には、もとのルートと、新しく書き足したものの、二本のルートが記された。車掌に見せても何のとがめも受けなかったので、それからの数週間、いい気になってどんどんルートを書き足していった。

悪だくみがうまくいっていたのも、スイスのバーゼルに向かうまでだった。スイスの車掌はパスを調べると、しかめっ面をして、首をふって返した。

「この路線に乗るなら、チケットを別に買ってもらわないと」と彼は言った。

「でも、恐れ入りますが」とわたしはこのうえなくていねいに言った。「バーゼルはたしかにルート上にあるんです」。そう言って、書き足したルートを指さした。

車掌は納得しなかった。「悪いが、バーゼルまでのチケット代を払わないのなら、列車を降りてもらうよ」

「でも」とわたしたちは食い下がった。「ほかの車掌さんはみんな、このチケットをふつうに受け入れてくれましたよ」

車掌は肩をすくめて、なおも首をふった。

「お願いです」とヨアブは泣きついた。「バーゼルまで行かせてくれたら、ドアーズのテープをさしあげます。アメリカのすごいロックバンドなんですよ」

車掌は喜んでいるように見えなかったし、ドアーズにもとくに興味はなさそうだった。

「しかたない」と彼は折れた。「バーゼルに行ってよろしい」

彼がやっと納得したのか、わたしたちの好意が通じたのか、はたまたあきらめただけなのかはわからない。だがこのことがあってから、わたしたちは地図に線を書き加えるのはやめ、ほどなくして最初に計画したルートに戻った。

自分たちの不正行為を思い返すと、若気の至りのせいにしたくもなる。しかし、それだけではなかったこともわかっている。たぶん、わたしたちがあんなことをしでかしたうえ、自分たちの行動を何ら問題ないものとして正当化できたのは、いくつかの事情が重なったからなのだろう。

一つめの点として、自分たちだけで初めて海外に行ったことで、新しいルールを勝手につくることに違和感を覚えにくくなったのかもしれない。* 立ち止まって自分たちの行動をじっくりふり返っていれば、ことの重大さに気づいたはずだ。けれどもなぜだか深く考えずに、ルートを自由に書き加えるのがユーレイルの通常のやり方なのだと、勝手に思いこんだ。二つめに、数百ドルの入ったヨアブのスニーカーを盗られたことで、ヨーロッパに何か仕返しをして、「借り」を返させてもいいような気がしていた。三つめに、わたしたちは冒険をしていたから、道徳的にもちょっと冒険してみたい気がしたのかもしれない。四つめの点として、別に人やものを傷つけているわけではないからと自分に言い聞かせて、行動を正当化した。一枚の紙切れに、線を何本か書き足しただけじゃないか。列車はどっちみち運行するんだし、列車が満席だったことはないから、だれかの席を奪っているわけでもない。それに最初チケットを買ったとき、同じ値段で別のルートを選ぶこともできたのだから、正当化するのはわけなかった。初めにチケットを買ったとき、わたしたちがどのルートを選んでも、ユーレイルにとっては何の違いもなかったのだから、あとで違うルートを選んだからと言って、何の問題があるだろう（ひょっとすると、ストックオプションの付与日を過去の有利な日付につけ替える人は、こうやって自分の行動を正当化するのかもしれない）。そして最後に、正当化の口実は、チケットのつくりそのものにもあった。ユーレイルのチケット販売係がくれたのは、薄っぺらいコピー一枚にわたしたちの計画したルートを手で書きこんだものだったから、改竄《かいざん》するのは物理的に簡単だった。チケット販売係とまったく同じようにしてルートに印をつける（紙に線を書き入れる）だけでよかったのだから。物理的な容易さは、たちまち道徳的な容易さに結びついた。

とまあ、こうした弁明を考え合わせると、わたしたちの正当化能力が実に幅広く多面的だということ、そしてわたしたちが一つ残らずすべての日常活動で、あたりまえのように正当化を行なっていることを、改めて思い知らされる。わたしたちは思いつく限りの言い訳を総動員して、自分がルールを破っているという事実から距離を置くのが、とんでもなくうまい。とくに自分の行動が、だれかに直接害をおよぼす行動から何歩か離れているときがそうだ。

ごまかしの多い部署

パブロ・ピカソはあるとき語った。「優れた芸術家は模倣するが、偉大な芸術家は盗む」。いまもむかしも、創造的な模倣者の例には事欠かない。ウィリアム・シェイクスピアは、構想のアイデアを古代ギリシア・ローマやイタリアの古典文学、史実などから得て、それをもとに見事な戯曲をものにした。かのスティーブ・ジョブズもピカソのように、アップルは偉大なアイデアを盗むことに恥じらいはないと言い放っている。

ここまでの実験から、ごまかしに関する限り、創造性が推進力になることがわかった。しかし創造性を高めれば、それとともに不正の度合いも高まるのかどうかはわからなかっ

＊一般に不正と旅行の間には、何か関係があるのではないかと思う。もしかすると、旅行中はルールがそれほど明確でないからかもしれないし、ふだんの環境から離れているせいからかもしれない。

た。これを調べるのが、わたしたちの実証的調査の第二段階のねらいだった。

フランチェスカとわたしは次の実験で、協力者をより創造的な思考状態におくことで、ごまかしの水準を高められるかどうかを調べた。このとき使ったのは、社会科学で「プライミング」と呼ばれる方法だ。あなたは協力者の一人だ。会場にやって来たあなたは、点の課題の説明を受け、まずは報酬なしの練習ラウンドをやってみる。それから、バイアスのかかる報酬つきの本番に移るその前に、作文の課題を与えられる（創造性を促す魔法は、ここでかけられる。「乱文構成課題」といって、協力者の思考状態を一時的に変えるためによく使われる手法だ）。この課題は、五つの単語がばらばらに並んだ文を二〇組与えられ（たとえば、「空　青い　は　です　なぜ」）、そのうちの四つの単語を使って文法的に正しい文をつくるというものだ（「空は青いです」）。だがあなたに知らされていないことがある。課題には二種類あって、あなたが与えられたのはそのうちの一方だ。一つは「創造的」セットで、二〇のうち一二の文に、創造性と関係のある単語（「創造的」「独創的」「斬新な」「新しい」「工夫に富んだ」「想像力」「アイデア」など）が含まれている。もう一つは対照条件で、二〇の文に創造性と関係のある単語は一つも含まれない。わたしたちのねらいは、プライミング効果によって、一部の協力者をアルバート・アインシュタインやレオナルド・ダ・ヴィンチ並みの、革新的で意欲的な思考状態にすることにあった。その他の協力者には、ふだんどおりの思考状態でいてもらった。

あなたは乱文構成課題（二種類のうちのどちらか）を終えると、もう一度点の課題にとりくむ。だが今度は本物のお金がかかっている。報酬は前の実験と同じように、左側を選ぶと〇・五セント、右側を選ぶと五セントだ。

データはどんな実態を描き出しただろうか？　より創造的な思考状態を促すことは、道徳心に影響を与えただろうか？　二つのグループを比較したところ、（報酬なしの）練習ラウンドでは、点の課題の結果に違いは見られなかったが、乱文構成課題をやったあとでは違いがあった。予想どおり、創造性を表わす単語によってプライミングされた協力者は、対照条件の協力者に比べて、「右側」（報酬が多い方の答え）を選ぶことが多かったのだ。

ここまでの実験で、人は創造的な思考状態になると、ごまかしの量をやや増やすように思われた。実験の最終段階では、創造性とごまかしが、現実世界でどのように相関しているかを調べることにした。わたしたちは大手広告代理店の協力を得て、従業員の大多数に道徳的ジレンマに関するアンケートに答えてもらった。たとえば「あなたが経費報告書を水増しする可能性はどれくらいありますか？」「プロジェクトが全然はかどっていないのに、上司には進んでいると報告する可能性はどれくらいありますか？」「職場の備品を家にもち帰る可能性はどれくらいありますか？」といった質問を並べた。それから会社での所属部署を尋ねた（経理、コピーライティング、営業、デザインなど）。最後に同社のC

ＥＯから、各部署で創造性がどれくらい必要とされているかを聞き出した。

こうして従業員一人ひとりのふだんの道徳的傾向と所属部署、そこで要求される創造性の水準がわかった。このデータをもとに、各部署の従業員の道徳的柔軟性［道徳を曲げる傾向］をはじき出し、彼らの柔軟性が、仕事で要求される創造性の度合いとどのような関係があるかを算出した。結果はどうだったか？　道徳的柔軟性の水準は、所属部署で要求される創造性の水準と密接に関係していた。デザイナーとコピーライターが、道徳的柔軟性の水準で最上位に位置したのに対し、経理担当者は最下位だった。「創造性」が職務内容に含まれるとき、人はこと不正行為に関しては「やっちまえ」と思いがちであることがわかった。

創造性の負の側面

言うまでもないが、創造性は美徳として、また社会の進歩を促す重要な原動力として、何かにつけて賞賛される。創造性は、個人だけでなく、企業や社会にとっても、何としてでも手に入れたい特性だ。わたしたちはイノベータを賞賛し、独創的思考のもち主に羨望や嫉妬の目を向け、既成概念にとらわれた人にはかぶりをふる。

それにはもっともな理由がある。創造性は、新しい手法や解決策への扉を開くことで、問題解決能力を高めてくれる。人類はこれまで創造性に助けられて、上下水道から太陽光パネルまで、超高層ビルからナノテクノロジーまで、さまざまな発明品を生み出し、世界を（必ずではないにせよ）有益な方法で変えてきた。わたしたちはまだまだ発展の途上にあるが、これまでの前進の大部分は、創造性のおかげと言っていい。何しろアインシュタインやシェイクスピア、ダ・ヴィンチのような創造的な先駆者がいなければ、世界はいまよりずっとわびしい場所になっていたはずだ。

だがそれは真実の一端に過ぎない。創造性は、厄介な問題を解決する斬新な方法を生み出す助けになるのと同じように、規則をかいくぐる独創的な方法を生み出し、情報を自分勝手な方法で解釈し直す助けにもなる。創造的思考をはたらかせることで、欲張りな願望をかなえる口実を思いついたり、自分が悪漢ではなくいつも英雄であるような物語を創作することができる。もし不正へのカギが、ごまかしから利益を得ながら、自分を正直で道徳的だと考える能力にあるのだとすれば、わたしたちは創造性のおかげでもっと「よい」物語を――もっと不正なことをしても、自分をすばらしく正直な人物だと思い続けるのに役立つような物語を――紡ぎ出すことができるのだ。

わたしたちは一方では創造性のもたらす好ましく望ましい結果と、他方では創造性の負の側面との間で、板ばさみになる。創造性は必要とされ、求められているが、状況によっては好ましくない影響をおよぼすことがあるのも明らかだ。わたしの同僚で友人の歴史家エド・バレイゼンが、近著『カモ、詐欺師、そして引き裂かれた状態』(*Suckers, Swindlers, and an Ambivalent State*）のなかで言っているように、企業が新しい技術のフロンティアを拓くたび——郵便制度、電話、ラジオ、コンピュータ、モーゲージ証券の発明など何でも——人はそのような進歩のおかげで、技術の境界線と不正の境界線に近づけるようになる。だが新しいツールを使う望ましい方法と不正な方法を見きわめられるようになるのは、技術の可能性と影響、限界が広く理解されるようになってからだという。

エドが一例としてあげているのがアメリカ郵便制度で、初期にはありもしない商品を売る手段として使われることもあったそうだ。実態が明らかになるまでしばらくかかったが、やがて郵便詐欺の問題は規制強化をもたらし、おかげでこの重要なサービスの高い品質と効率性、信頼性が確保されるようになった。技術的発展をこのような観点から考えると、不正の新機軸を生み出し、結果として人類の前進を促してくれたことを、詐欺師に感謝したくもなる。

結局、どうすればいいのだろう？　これからも創造的な人材を雇用し、自分の創造性を高める努力をし、周りの人たちの創造性を育み続ける必要があるのは間違いない。しかし、それとともに創造性と不正の関連性を明らかにして、創造的な人たちが能力を悪用して不品行をはたらく新しい方法を見つけたくなるような状況を規制することも必要だろう。

ちなみに、前に言ったかどうかわからないが、わたしは自分のことを信じがたいほど正直で、しかも創造性が高い人間だと思っている。

第八章　感染症としての不正行為——不正菌に感染するしくみ

わたしは人間の不合理な行動の影響について講演をするために、しょっちゅう世界じゅうを飛び回っている。そういうわけだから当然、飛行機を利用することがとても多い。ある典型的な旅程を紹介すると、自宅のあるノースカロライナ州からニューヨークへ飛び、そこからブラジルのサンパウロ、コロンビアのボゴタ、クロアチアのザグレブ、カリフォルニア州のサンディエゴを回って、ノースカロライナに戻ってきたこともある。その数日後、今度はテキサス州オースチンから、ニューヨーク、トルコのイスタンブール、メイン州カムデンを経て、（へとへとになりながら）家にたどり着いた。これだけのマイルを貯める間、セキュリティチェックでいじめられ、なくなった荷物をとり戻そうとしながら、数え切れないほどの屈辱や損害に耐え忍んできた。だが何がつらいと言って、旅行中に具合が悪くなるほど苦しいことはないから、病気にだけはならないよう、いつも心がけている。

あるとき大西洋を横断するフライトで、翌日の利益相反に関する講演の準備をしていたとき、隣席の客がひどい風邪を引いているのに気がついた。彼の風邪のせいなのか、それとも何かの病気に感染することへの恐れや、睡眠不足のせいなのか、ただのランダムで楽しい自由連想なのかはわからないが、いつしかわたしは、隣客と自分の病原菌のやりとりと、最近の企業不祥事には、何か似たところがあるのではないかと思い始めた。

前にも言ったが、わたしはエンロン崩壊をきっかけに、企業不祥事という現象に興味をかき立てられ、その後もKマートやワールドコム、タイコ、ハリバートン、ブリストル・マイヤーズスクイブ、連邦住宅貸付抵当公社《フレディ・マック》に住宅担当金庫《ファニー・メイ》、二〇〇八年の金融危機、そしてもちろんバーナード・L・マドフ証券などの一連のスキャンダルを受けて、関心は高まる一方だった。はた目には、金融不祥事がますます頻繁に起きているように見えた。それは、不正で違法な行為を見抜く技術が高まっただけなのだろうか？ それとも、不正には感染性の要素があって、それが実業界にますますしっかり根をおろしつつあるのだろうか？

その間、鼻をすすっている隣客のティッシュの山が積みあがっていくのをよそ目に、わたしは人が「不道徳菌」に感染することはあるのだろうかと考え始めた。もし社会的な不正が実際に増えているのだとしたら、それはただ目撃したり直接接触したりするだけで、感染病やウィルス、感染性のバクテリアなどのように蔓延するからではないだろうか？　不正が感染するという発想と、最近身の周りで欺瞞や不正の事件が次々と明るみに出ていることの間には、何か関連があるのではないか？　またもし実際に関連があるのなら、早いうちにそうした「ウィルス」を検知することで、大きな被害を食い止められないだろうか？

わたしはこの可能性に興味をそそられた。帰宅するなりバクテリアについて調べ始め、人が体内、体表、体外に無数のバクテリアを抱えていることを知った。有害なバクテリアの量が限られていれば、結構うまく共存していけることもわかった。だが問題が生じるのは、バクテリアが増えすぎて自然なバランスが崩れたり、とくに有害なバクテリアの菌株が体の防御機能を破って体に侵入するときだ。

公正を期すために言っておくと、この関連性を思いついたのはもちろん、わたしが初めてではない。一八世紀と一九世紀の監獄改革者は、犯罪者は病人と同じで、接触感染を避けるために隔離し、風とおしのよい場所に留め置かなくてはならないと信じていた。と言っても、わたしは不正と病気の蔓延の類似性を、むかしの人たちのように文字どおりに受けとったわけではない。空中を飛び交う毒気のようなものが、犯罪者をつくるだなんて思っていない。だがこじつけと思われるのを承知で言えば、ごく身近に不正行為をする人がいると、社会の正直さの自然なバランスが崩れるかもしれないと考えたのだ。もしかしたら、身近な人の不正を目撃することは、身近でない人や、自分の人生にあまり影響を与えない人たちが同じ程度の不正をするのを目にするよりも、「感染性」が高いのではないだろうか（例として、一九八〇年代の麻薬反対運動のスローガン「あなたがやっているのを見て覚えた」を考えてほしい。この広告は「麻薬を使用する親には、麻薬を使用する子どもがいる」と警告したのだ）。

感染のたとえをさらに続けて、不正行為にさらされる度合いについても考えた。不正行為にどれくらいさらされると、わたしたち自身の行動のバランスが傾くのだろう？　同僚が職場の備品室から片手にごっそりペンをもって出てくるのを見たら、自分も彼に倣って備品をしこたまくすねてもいいのだと、すぐに考えるようになるだろうか？　そうではないと思う。むしろ、バクテリアと人間との関係に似た、もっとゆっくりとした目立たない、積み重ねのプロセスがあるのではないだろうか。だれかがごまかしをするのを見ると、かすかな印象だけが残り、そのせいでわたしたちはほんの少しだけ堕落する。それ以降、反倫理的な行動を目にするたびに道徳心がすり減っていき、ますます多くの不道徳の「細菌」にさらされるにつれて、ますます道を踏み外していくのかもしれない。

何年か前に、わたしは自動販売機を手に入れた。価格決定や割引に関わる実験をするのにおもしろいツールだと思ったからだ。ニーナ・メイザーとわたしはこれを使って、人がふつうの固定的な割引ではなく、確率的な割引にどう反応するかを、数週間かけて調べた。わかりやすく言うと、自動販売機のお菓子のボタンの一部に「定価一ドルの三〇％引き」と書き、残りのボタンには「七〇％の確率で定価の一ドル、三〇％の確率で全額返金（つまり無料）」と書いておいた。実験の結果に興味をもってくれた人のために一応書いておくと、確率的返金のおかげで、売上は三倍近くに跳ねあがった。確率的割引の話はまた別の機会に説明するとして、わたしたちはこの「お金をとり戻す」というアイデアにヒントを得て、ごまかしへ向かうもう一つの道筋を調べるための妙案を思いついた。

ある朝、ＭＩＴのとある校舎のそばに販売機を動かしてもらい、機械内部の設定をいじって、お菓子全品を無料にした。そして販売機の外側には、お菓子一つ七五セントと書いた。学生が二五セント玉を三枚入れて、お菓子のボタンを押したとたん、販売機はお菓子とお金を吐き出すというわけだ。それから販売機に目立つ貼り紙をして、故障した場合の連絡先として電話番号を書いておいた。

研究助手が一人、販売機の目の届くところに座って、ラップトップで何やら作業をしていた。だが実は、人が無料のお菓子という驚きを目の前にしたとき、どんな行動をとるかをつぶさに記録していたのだ。これをしばらく続けるうちに、彼女は二つのことに気がついた。一つには、学生がとったお菓子の数は三個ほどだった。一つめのお菓子と一緒にお金が吐き出されると、ほとんどの人はもう一度やって、同じことが起きるかどうかたしかめた（もちろん、同じことが起きた）。三度めを試す人も多かったが、それ以上はだれも試さなかった。きっとむかし販売機にお金を入れたのに品物が出て来なかったときのことを思い出して、この寛大な販売機に貸しを返してもらったような気になったに違いない。

二つめの発見として、半数以上の人が辺りを見まわして友人を探し、知った顔を見つけると、砂糖たっぷりの恵みにあずかるよう誘った。もちろんこれはただの観察研究に過ぎない。だがわたしはこの結果から、ひょっとすると何か疑わしいことをするとき、友人を誘う行為が、自分の疑わしいふるまいを正当化するのに役立つのではないかと考えるようになった。何と言っても友人が倫理上の一線を一緒に越えてくれたら、自分の行動が社会的に受け入れられやすくなるように思えるだろう？　そこまでして自分の問題行動を正当化しようとするのは、やり過ぎのように思われるかもしれないが、わたしたちは自分の行動が周りの人たちの社会規範に見合っているとき、得てして安心するものだ。

授業中のごまかしの感染

販売機で実験をしてからというもの、ほかの場所でのごまかしの感染性にも目が行くようになった。授業もその一つだ。何年か前、わたしの行動経済学の講座を受講していた五〇〇人の学部生に、学期の初めに聞いたことがある。授業とは無関係な活動（フェイスブックやインターネット、電子メールなど）にラップトップを使いながら、授業に集中できると思う人は、と尋ねた。さいわい、ほとんどの学生が一度に複数の作業はうまくやれないと答えた（実際そのとおりだ）。次に、目の前にラップトップが開いていたとして、それを授業と無関係な活動に使わない自制心がある人は、と聞いた。ほとんどだれも手をあげなかった。

わたしはこの時点で、授業中は（ノートをとるのに便利な）ラップトップの使用を禁じるべきか、それともラップトップは許可しながら、何らかの介入をとおして、学生が自制心のなさと闘うのを助けるべきかで悩んだ。だが楽観的なわたしのことだ、学生に右手をあげて、わたしのあとについて宣誓させることにした。「この講座では、何があってもけっして、授業に無関係なことにコンピュータを使いません。授業中に電子メールを読み書きしたり、フェイスブックその他のソーシャルネットワークを利用したり、授業と無関係なサイトを見たりしません」

学生はわたしのあとについて復唱し、わたしはわれながらいい案だと悦に入っていた――しばらくの間は。

わたしは何かを説明したり、学生たちのペースや目先を変えたりするために、ときどき授業中にビデオを見せることがある。そんなときはたいてい教室のうしろまで歩いていって、そこで学生たちと一緒にビデオを見ることにしている。当然だが、教室のうしろに立つと、学生たちのラップトップの画面がもろに見わたせる。学期が始まってから数週間は、画面には授業に関係のある資料しか映されていなかった。だが学期が進むにつれ――まるで雨後のタケノコのように――週を追うごとにますます多くの画面に、おなじみの、だが授業とは無関係なウェブサイトが開かれるようになり、また多くの場合前面の中央には、フェイスブックと電子メールのプログラムが表示されていた。

いまにして思えば、ビデオを見るときに教室を暗くしたことが、学生が約束を反故にした元凶の一つだったのだろう。教室が暗くなり、だれかがほんの一分でも、授業とは無関係な活動のためにラップトップを使い始めれば、その様子はわたしだけでなく、ほかの多くの学生にも丸見えだった。たぶんそれが引き金となって、大勢の学生が同じ不品行のパターンに倣い始めたのだろう。誠実の誓いはたしかに最初は効果があったが、他人のごまかしを目撃したことで生まれた新しい社会規範の力には、とうてい太刀打ちできなかったのだ。*

一つの腐ったリンゴ

わたしがキャンパスでのごまかしについて考えたことや、高度約九〇〇〇メートルで社

＊講義を始めるたびに学生に誓いを読ませるのが、より賢明な方法だった。たぶん、次回はそうするだろう。

会的感染について空想したことは、もちろんただの憶測でしかなかった。ごまかしの感染性について、もっと実情に即した認識を得るために、フランチェスカ・ジーノ、シャハール・アヤール（イスラエルのヘルツリヤ学際センター助教）とわたしは、フランチェスカが当時客員教授を務めていたカーネギー・メロン大学で、実験をすることにした。数字探し課題を（ただし簡易版を使用）、前に説明した一般的な方法でやってもらったが、重要な違いをいくつか設けた。一つは、協力者に数字の行列の並んだ作業用紙と一緒に、一〇ドルの現金（一ドル札が八枚に、五〇セント玉が四枚）の入った茶封筒を配った。つまり報酬の支払い方を変えたのだ。協力者は実験が終わると自分で報酬をとり、自分の得ていないお金を置いていった。

ごまかしのチャンスのない対照条件では、制限時間が終了すると、学生は正答した問題の数を自分で数え、茶封筒からそれに見合った金額をとり出して、財布にしまった。それから作業用紙と残ったお金の入った封筒を実験者にわたすと、実験者は作業用紙と封筒の残りの金額をたしかめて、学生を報酬とともに送り出した。ここまでは問題ないだろう。

だが破棄条件（ごまかしが可能な条件）では、ちょっと違う指示が与えられた。実験者は協力者にこう伝えた。「正答数を数えたら、教室のうしろにあるシュレッダーに行って問題用紙を破棄してください。それから席に戻って、自分の得た金額を茶封筒からとる。それがすんだら、教室を出て行ってかまいません。出るときに、残りのお金の入った封筒を、ドアの脇の箱に入れていってくださいね」。そう言うと、彼女は協力者にテストを始めるよう指示して、もってきたぶ厚い本を一心不乱に読みふけり始めた（だれも監視していないことを、協力者に見せつけるためだ）。制限時間の五分が終わると、実験者は時間ですと言った。

協力者は鉛筆を置いて正答数を数え、問題用紙を破棄し、席に戻って自分で報酬をとり、出るついでに残金の入った封筒を箱に投げ入れた。予想どおり、破棄条件の協力者は、対照条件の協力者よりも多くの問題を正答したと申告した。

この二つの条件を出発点として、わたしたちが本当に検討したかったことを調べる準備が整った。それは、ごまかしの社会的要素だ。次の段階では、破棄条件に社会的要素を加えた。協力者は、だれかが――マドフ〔巨額詐欺事件の犯人〕の卵が――えげつないごまかしをする場面を目撃したら、いったいどうなるだろう？　彼ら自身のごまかしの水準は変わるだろうか？

たとえばあなたが「マドフ条件」の協力者だとしよう。あなたは机に座って、実験者の指示を聞く。それから実験者の「始めてください！」を合図に、なるべくたくさんの問題を解いて最大限の収入を得ようと、しゃかりきに問題にとりくむ。六〇秒が過ぎたころ、あなたはまだ一問めを解いている。時間はどんどん過ぎていく。

そのとき、「終わりました！」という声がしたかと思うと、ひょろ長い金髪の男子学生が立ちあがり、実験者に言った。「ぼくはどうしたらいいですか？」

「まさか」とあなたは思う。「わたしはまだ一問めも解き終わってないのに！」。だれもが信じられないという顔で彼を見つめる。ずるをしたにきまってる。二〇問を六〇秒かそこらで解けるはずがない。

「問題用紙を破棄しに行きなさい」と実験者は言った。男子学生は教室のうしろまで歩いていって、問題用紙を破棄し、それから言った。「全問正解だから、残金を入れる封筒は空なんですけど。これ、どうします？」

「返すお金がなければ、空の封筒を箱に入れてください。そうしたら出て行ってかまいません」。学生はありがとうと言い、全員に手をふりながら、全額せしめてほくほく顔で出て行った。この一部始終を目撃したあなたは、どう思うだろう？　彼がごまかしをして逃げおおせたことに憤慨するだろうか？　自分の道徳的行動を変えるだろうか？　つまり、ごまかしを減らすだろうか、それとも増やすだろうか？

　ごまかしをした男子学生が、わたしたちがこの役割のために雇ったデイビッドという、演劇専攻の学生だと知ったら、あなたもちょっと気が晴れるかもしれない。デイビッドの傍若無人なふるまいを目撃した本物の協力者が、「不道徳ウィルス」のようなものに感染して、デイビッドの例に倣って自分もごまかしを増やし始めるかどうか、それを調べたかったのだ。

　結果を教えよう。マドフ条件では、協力者は平均して二〇問中一五問解いたと申告した。

条件	「正答した」問題の数(20問中)	ごまかしの量
対照条件（ごまかしが不可能）	7	0
破棄条件（ごまかしが可能）	12	5
マドフ条件（ごまかしが可能）	15	8

これは対照条件より八問も多く、破棄条件より三問多かった。早い話が、マドフ条件の協力者は、自分が本当に正答した数の、ほぼ二倍の金額を自分に支払ったことになる。

簡単に表にまとめてみた。

この結果は興味深いが、これだけではマドフ条件の協力者がなぜたくさんごまかしをしたのかはわからない。一つの可能性として、協力者はデイビッドのふるまいを見て、頭のなかですばやくそろばんをはじき、こう考えたのかもしれない。「あいつがずるをして逃げおおせるのなら、ぼくが同じことをしても、とがめを受ける危険はないはずだ」。その場合デイビッドの行動は、この実験ではごまかしをしても逃げおおせることをはっきり示すことによって、協力者の費用便益分析を変えたことになる（これは第一章「シンプルな合理的犯罪モデルを検証する」で説明した、ＳＭＯＲＣ的な考え方だ）。

もう一つ、これとまったく違う可能性がある。デイビッドの行動は、こういう行動が仲間うちで社会的に受け入れられること、または少なくとも社会的に可能だということを、室内にいたほかの協力者に何らかのかたちで示したのかもしれない。わたしたちは人生のいろいろな面で、どんな行動が適切か不適切かを知るのに、他人を参考にする。おそらく不正は、受け入れられる行動を規定する社会規範があまり明確でなく、他人（この場合はデイビッド）の行動が善悪の判断に影響を与え得る状況の一つなのではないだろうか。そう考えれば、マドフ条件でごまかしが増えたのは、合理的な費用便益分析の結果ではなく、むしろ道徳的な境界内で許容される行動について、新しい情報が与えられ、考え方が修正された結果なのかもしれない。

二つの可能性のうち、マドフ条件でごまかしが増えた理由をよりよく説明するのはどちらだろう？ わたしたちはこれを調べるために、違う種類の社会的・道徳的情報を与える、別の実験を考えた。今回はごまかしの実演は見せずに、とがめを受けるおそれを完全にとり除くだけで、協力者がごまかしの量を増やすようになるかどうかを調べた。やはりデイビッドに手伝ってもらったのだが、このときは実験者が指示を終えようとするのをさえぎって質問してもらった。「ちょっといいですか」と彼は大声で言った。「その指示からすると、問題を解かずに、全問解きましたとだけ言って、全額さらっていってもいいんですか？ 何か問題ありますか？」。実験者はちょっと黙ってから答えた。「あなたのやりたいようにどうぞ」。この条件は当然のごとく、「質問条件」と名づけた。二人のやりとりを聞いた協力者は、この実験ではごまかしをしても逃げおおせることを、すぐに理解した。

あなたが協力者なら、これを理解したことで、もっとごまかしをしようという気になるだろうか？　すばやく費用便益分析をして、自分の得ていないお金をもち去れることに気づくだろうか？　何しろ当の実験者が「あなたのやりたいようにどうぞ」と言うのを、この耳でしっかり聞いたのだ。

ここでちょっと立ち止まって、マドフ条件で起きたことを解明するのに、この実験がどういう点で役立つのかを考えよう。マドフ条件では、協力者はごまかしの実演を見せられ、それをとおして二種類の情報を与えられた。まず費用便益分析の観点から言うと、協力者はデイビッドが全額かっさらうのを目撃したことで、この実験ではごまかしをしても何の悪影響もないことを知った。その一方で、デイビッドの行動をとおして、この実験では自分と同じような人がごまかしをしているようだという、社会的手がかりを得た。つまりマドフ条件には、両方の要素が含まれていたので、ごまかしの増加が費用便益分析の再評価によるものか、社会的手がかりによるものか、その両方なのかを見分けることができなかったのだ。

そこで役立つのが、質問条件だ。この条件には一つめの要素（費用便益の観点）だけが含まれていた。デイビッドの質問に対し、ごまかしが可能だということ、そしてごまかしをしても何のとがめもないことを、実験者が自ら認めたため、この実験でごまかしをしても悪影響がまったくないことを、協力者ははっきり理解した。そしてここが一番肝心なところだが、質問条件は、協力者と同じ社会集団の一員による実演と社会的手がかりを与えることなく、ごまかしの影響に対する協力者の認識を変えたのだ。したがって、もし質問条件でのごまかしの量がマドフ条件と同じなら、両方の条件でごまかしの量が増えた原因が、「ごまかしをしても罰を受けない」という情報だったと結論づけていい。反面、もし質問条件でのごまかしの量がマドフ条件よりずっと少なければ、マドフ条件でごまかしの水準がとくに高かった原因が、社会的シグナル――自分と同じ社会集団に属している人が、この状況でごまかしが受け入れられると考えているという認識――だったとわかる。

どんな結果が出たと思う？　質問条件では、協力者が申告した正答数は一〇問で、対照条件より三問ほど多かった（つまりごまかしは行なわれた）。だが破棄条件よりは二問少なく、マドフ条件と比べると五問も少なかった。実験者がデイビッドに、やりたいようにどうぞと言ったのを聞いたことで、協力者はかえってごまかしを減らしたのだ。これは、協力者が合理的な費用便益分析だけからごまかしをする場合に予想される結果の逆だった。さらに言うと、人は不品行が可能だということに気づくと、自らの道徳心を省みることを、この結果は示している（第二章「つじつま合わせ仮説」で説明した、十戒実験と倫理規定の実験と似ている）。そしてその結果、より正直な行動をとるようになるのだ。

ファッションによる主張

このように有望な結果が得られたが、ごまかしが社会的に感染するという考えを、もっと直接的に裏づけ、確認する証拠がほしかった。そこでわたしたちは、ファッション界に進出することにきめた。というかまあ、そんな感じのことだ。

実験の構成はマドフ条件と同じだ。例の俳優が、実験開始後すぐに立ちあがり、全問解けたと宣言するなど。だが今回は、ファッションに関わる違いが一つあった。俳優はピッツバーグ大学のトレーナーを着ていたのだ。

説明しよう。ピッツバーグ市には、世界クラスの大学が二つある。ピッツバーグ大学（ＵＰｉｔｔ）とカーネギー・メロン大学（ＣＭＵ）だ。お互いに近接した高等教育機関の例に漏れず、二校はむかしからライバル意識を燃やしている。この競争精神こそ、わたしたちが「社会的感染としてのごまかし」仮説をさらに調べるのに、ちょうど必要としていた要素だった。

これまでの一連の実験は、すべてＣＭＵで行ない、協力者は全員ＣＭＵの学生だった。基本のマドフ条件では、デイビッドのいでたちは無地のＴシャツにジーンズだったから、ほかの協力者と同じＣＭＵの学生だと思われていた。しかし新しい条件、名づけて「よそ者マドフ条件」では、デイビッドはＵＰｉｔｔのスクールカラーの青とゴールドのトレーナーを着ていた。このいでたちが協力者に、彼がよそ者（ＵＰｉｔｔの学生）であり、自分たちの社会的集団の一員ではなく、ライバル集団に属しているというシグナルを与えたわけだ。

この条件を加えたねらいは、質問条件を加えたねらいと似ている。もしマドフ条件で見られたごまかしの増加が、「デイビッドがごまかしをして逃げおおせるなら、だれでも逃げおおせる」という認識にあったのなら、デイビッドがCMUの学生の格好をしていようが、UPittの学生のなりをしていようが、関係なかったはずだ。何しろ、えげつないごまかしをしても悪影響がないという情報は、彼がどんな服装をしていようが変わらないからだ。逆に、もしマドフ条件でごまかしが増えた理由が、協力者の属する社会集団ではごまかしが受け入れられることを明らかにした、新しい社会規範にあったとしたらどうなる？　この影響が作用するのは、例の俳優が協力者の内集団に属しているとき（CMUの学生であるとき）であって、ほかのライバル集団に属しているとき（UPittの学生であるとき）ではないはずだ。というわけで、今回の設定の決定的に重要な要素は、デイビッドをほかの協力者と結びつける、社会的つながりだった。デイビッドがUPittのトレーナーを着ていても、CMUの学生は彼のまねをするだろうか、それともデイビッドの影響に抗おうとするだろうか？

まずここまでの結果のおさらいをしておこう。破棄条件（ごまかしは可能だが、デイビッドがそれを大っぴらに公言していない）では、学生たちは平均して一二問正答したと申告した。これは対照条件より五問多かった。デイビッドがふつうのCMUの学生に見える

条件	「正答した」問題の数(20問中)	ごまかしの量
対照（ごまかしが不可能）	7	0
破棄（ごまかしが可能）	12	5
マドフ（ごまかしが可能）	15	8
質問（ごまかしが可能）	10	3
よそ者マドフ（ごまかしが可能）	9	2

格好で実演をした「マドフ条件」では、協力者が申告した正答数は一五問だった。デイビッドがごまかしができるかどうかを問いただし、できるという確答を得た「質問条件」では、一〇問だった。では今回の結果だ。デイビッドがＵＰｉｔｔのトレーナーを着ていた「よそ者マドフ条件」では、彼がごまかしをするのを目撃した学生は、平均して九問正答したと申告した。つまり、対照条件に比べればまだ二問ほど多かったが、デイビッドがＣＭＵの社会集団の一員と思われていたときと比べれば、六問ほど少なかったことになる。

結果を表にまとめた。

以上の結果を考え合わせると、ごまかしがごくあたりまえに行なわれること、そしてごまかしには感染性があり、周りの人の問題行動を目撃することで量が増える場合があることがわかる。具体的に言うと、わたしたちをとり巻く社会的な力は、二つの方法で作用するように思われる。ごまかしをする人が自分と同じ社会集団に属しているとき、わたしたちはその人を自分と重ね合わせ、ごまかしが社会的により受け入れられやすくなったと感じる。だがごまかしをする人がよそ者だと、自分の不品行を正当化しにくくなり、その不道徳な人物や、その人が属するほかの（ずっと道徳性の低い）外集団から距離を置きたいという願望から、かえって倫理性を高めるのだ。

より一般的には、わたしたちが自分の行動（ごまかしを含む）の許容範囲をきめるうえで、他人の存在がとても重要だということを、これらの結果は示している。わたしたちは自分と同じ社会集団のだれかが、許容範囲を逸脱した行動をとるのを見ると、それに合わせて自分の道徳的指針を微調整し、彼らの行動を模範としてとり入れるのだろう。その内集団のだれかが、権威のある人物——親や上司、教師、その他尊敬する人——であれば、引きずられる可能性はさらに高くなる。

仲間うちのつき合い

大勢の大学生が大学から数ドルずつだましとるのもたしかに問題だが（つもりつもればあっという間に大金になる）、組織的に行なわれる大がかりな不正行為は、それとはまったく次元の違う問題だ。仲間うちの何人かが規範を逸脱すると、周りの人たちが感化され、その一人ひとりがそのまた周りの人たちに次々と影響を与えていく。これが、二〇〇一年のエンロンや、二〇〇八年までのウォール街、その他の多くのケースで起きたことではないだろうか。

こんなシナリオは十分ありそうだ。とある巨大銀行の名物ディーラー、ボブが、金融商品を過大評価したり、損失を翌年に飛ばすといった疑わしい取引に手を染め、その過程で利益をがっぽり手にする。同じ銀行のほかのディーラーが、ボブのたくらみを聞きつける。彼らは昼飯に出かけ、マティーニとステーキを平らげながら、ボブのやっていることを話のタネにする。隣のブースにいた別の大手銀行のディーラーがこれを小耳にはさみ、噂が広まる。

ほどなくして、数字をごまかしているのがボブ一人ではないことに、大勢のディーラーが気づく。おまけに、ボブは彼らの内集団の一人だ。そんなわけで、いまや彼らにとって数字のごまかしは、少なくとも「競争力の維持」や「株主価値の最大化」が是とされる世界では、受け入れられる行動になる。*

同じように、こんなシナリオを考えてもらいたい。ある銀行が政府からの救済資金を使って、株主に配当を支払う（または貸出しに回さずに内部留保する）。やがてほかの銀行のCEOも、それを適切な行動と見なすようになる。これは安易な道のりであり、転落へ

＊株主価値の最大化に何よりも重きを置く企業は、こういった建て前をかさに、金融に限らず、法律や環境まで、さまざまな不正行為を正当化できるのではないだろうか。そして企業幹部は、報酬が株価と連動しているせいで、「株主価値」の向上にますます邁進するというわけだ。

の坂道だ。そしてこの手のことは、そこらじゅうで日常的に起きているのだ。

言うまでもないが、この残念なエスカレーションが起きるのは、銀行業界に限った話ではない。それはどこにでも見られ、連邦議会のような統治組織も例外ではない。アメリカの政界での社会規範の乱れを示す一例に、政治活動委員会（ＰＡＣ）がある。これは三〇年ほど前に設けられた制度で、厳しい選挙を戦う政党や候補者に資金を提供する選挙資金団体だ。ＰＡＣを設立するのは主にロビイストや企業、特別利益団体などで、ＰＡＣの献金額は、個人の候補者に対する献金ほど厳しく制限されていない。課税対象だということと、連邦選挙管理委員会（ＦＥＣ）への報告が必要だという点を除けば、ＰＡＣの資金にはほとんど規制が加えられていない。

あなたにもたぶん想像がつくと思うが、議員はＰＡＣ資金を、選挙とは何の関係もない――ベビーシッターからバーでの飲み食い、コロラドへのスキー旅行までを含む――ありとあらゆる活動に利用するのがあたりまえになっている。おまけに、ＰＡＣをとおして集められる莫大な資金のうち、実際に選挙に出馬する候補者にわたるのは、その半額にも満たないという。残りは一般に、資金集めのイベントや諸経費、人件費その他費用などの、さまざまな役得に消えていく。公共ラジオ局ＮＰＲの番組「マーケットプレイス」で、リポーターのスティーブ・ヘンが言ったように、「資金集め《ファンドレイジング》の楽しみ《ファン》はＰＡＣが加えた(8)」。

議会はＰＡＣ資金の濫用に対処するために、二〇〇六年の議会選挙後初めて可決した法律で、議員の裁量的支出を制限し、ＰＡＣ資金の使途を公開することを義務づけた。しかし、わたしたちからすれば予想どおりとも言えるが、この法には何の効果もないように思われた。議員たちは、法を通過させてから わずか数週間後には、前と変わらず勝手な行動をとっていた。ＰＡＣ資金を使ってストリップクラブに行き、パーティに数千ドルを浪費し、説明責任などどこ吹く風だった。

なぜそうなるのか？　単純なことだ。議員たちは、政治家仲間がＰＡＣ資金を疑わしい使途に充てる様子を長年目撃するうちに、彼らの集団としての社会規範が損なわれていった。ＰＡＣ資金がどんな個人的、「専門的」活動にも使えることが徐々に定説となり、ワシントンＤＣではＰＡＣ資金の濫用はいまや日常茶飯となっている。テキサス州選出の共和党議員ピート・セッションズが、ラスベガスのナイトクラブ、フォーティ・デュースでの数千ドルの散財について問いただされたときに答えたように、「もはや何がふつうで何があたりまえなのか、よくわからない」のだ(9)。

議会の分極化を考えると、こういう好ましくない社会的影響は、党内で完結すると思う人もいるだろう。民主党員が規則を破れば、その行動はほかの民主党員だけに影響を与え、共和党員の問題行動は共和党員だけに影響を与えると。だがわたしのワシントンＤＣでの（限られた）経験から言わせてもらえば、メディアの監視の目が届かないところでは、民主党員と共和党員の社会的慣行は（イデオロギーがどれほどかけ離れていようと）、わたしたちが思うよりずっとよく似通っている。そんなわけで、どんな議員による非倫理的な行動も、党の境界線を越えて、所属にかかわらずあらゆる議員に影響をおよぼすような構図ができあがっているのだ。

論文代行業者《エッセイミル》

よく知らない人のために説明しておくと、論文代行業者というのは、高校生や大学生のための論文代筆（もちろん代金と引き換えにだ）を専門とする会社だ。業者は当然、学生が自分で論文を書くのを助けるのが目的だと謳っているが、「eCheat.com」のような名前を見ただけで、本来の目的が明々白々だ（ちなみにeCheat.comは一時期、「ずるではありません、共同作業なのです」をキャッチフレーズにしていた）。

世の教授たちは、論文代行業者の存在と、それが学生の学習に与える影響を心配している。しかし、論文代行業者を自分で使った経験もなく、この手の業者が実際にどういうことをしているのか、どれほどの力量をもっているのかも知らないのでは、心配のしようがない。そこでアリーン・グリュナイゼン（デューク大学のわたしの研究センターの研究員）とわたしは、人気の高い論文代行業者を調べることにした。業者をいくつか選んで、典型的な大学の学期末レポートを発注した。論文のテーマは（何と！）「不正行為」とした。

わたしたちが論文代行業者に外注した課題を紹介しよう。

人はいつ、なぜ不正行為をするのだろう？　不正が起きる社会的状況を踏まえて、不正行為というテーマについて思慮深く論ぜよ。さまざまな形態の不正行為（個人の不正行為、職場での不正行為など）をとりあげ、それぞれが不正行為という社会文化によってどのように正当化されるかを考えること。

このテーマで、大学レベルの社会心理学講座に提出する、一二ページの長さの学期末レポートを、一五冊の参考文献を用いて、ＡＰＡ（アメリカ心理学協会）方式の文献目録つきで、二週間という期限内に作成するよう依頼した。わたしたちの考える、ごく基本的で標準的な注文だ。論文代行業者は論文一本につき、一五〇ドルから二一六ドルの料金を前払いで請求してきた。

二週間してわたしたちの受けとったものは、ちんぷんかんぷんとしか言えない代物だった。なかにはＡＰＡ方式をまねようとした形跡が見られるものもあったが、どれにも目立った間違いがあった。引用はずさんで、参考文献のリストはお粗末だった。時代遅れの文献のほか、出典不明の文献もあり、その多くはオンラインニュースの記事や論説文、ブログなどで、リンク切れのものも含まれていた。文章自体の質という点では、どの論文の執筆者も、英語という言語や基本的な論文の構造というものを、薄っぺらにしか理解していないようだった。段落は一つのテーマから別のテーマへと脈絡なく飛び、しょっちゅう羅列形式と化し、ただいろいろな形態の不正行為を列挙したり、延々例をあげるだけで、その例はいつまでたっても説明されず、論文のテーマと関連づけられることもなかった。あまたの文学的冒瀆のなかから、珠玉の珍文をいくつか紹介しよう。

ヒーラーによるごまかし。ヒーリングは異なる。無害なヒーリングがある。ヒーラーの詐欺師や魔術師はお告げ、襟、撤退の損害、夫妻の背中などを与える。わたしたちはそれを新聞で読んでほほえむだけだ。しかし最近では、魔術師を信じる人は少ない。

学者による裏切りに関してなされた研究の大きな割当量が、学者による裏切りを減らそうとする学術界と教授の強力な切望を少しでも示唆するものであるなら、このような考え方が彼らの教室の指針の作成にくみこまれると予想されるように思われる。

パートナーはたしかな愛情、忠誠心、責任、そして正直さだけを盲目的に信頼することで、過去のだまされやすい世間知らずの人たちと同化する。

将来の世代は歴史的な間違いのために学び、自らの行動に対する自負心と責任を養わねばならない。

これを読んだ時点で、学生が論文代行業者から買った論文をそのまま提出して、よい成績をとれる時代がまだ到来していないことを知り、わたしたちはほっと胸をなでおろした。それに、たとえ学生が業者から論文を買おうとしたとしても、わたしたちのように、お金の無駄遣いをしたと後悔し、二度と頼もうとはしないだろうという結論に至った。

だが話はそこで終わらない。購入した論文を WriteCheck.com という、論文盗用をチェックしてくれるサイトで調べてみたところ、受けとった論文の半数が、既存研究を大幅に盗用していたことがわかったのだ。わたしたちは行動を起こすことにきめ、論文代行業者に連絡をとって、返金を迫った。ところが、WriteCheck.com から得たたしかな証拠があるにもかかわらず、論文代行業者は盗用などしていないと言い張った。ある業者などは、裁判沙汰にすると脅し、わたしが自分で書いていない論文を提出したことを、デューク大学の学部長室に通報すると言ってきたほどだ。当然、お金は戻ってこなかった……。

結論？ 教授たちは、とりあえずいまのところは、論文代行業者についてそう心配する必要はなさそうだ。技術革新は学生の苦難をまだ解決するに至っておらず、学生には自力で論文を書く（か、前の学期の受講者が書いた論文を流用するという、むかしながらの方法でずるをする）ほか、選択肢はない。

しかし、論文代行業者が存在するという事実と、それが学生に発するシグナルは気がかりだ。不正行為が学生時代だけでなく、卒業後も組織として社会に受け入れられているというシグナルだ。

倫理の健全性をとり戻すには？

不正が社会的感染をとおして人から人へと伝わるという考えは、不正を減らすにはいまとは違う手法が必要だということを示唆している。わたしたちはささいな違反行為を、文字どおりささいで無害なものと考えがちだ。しかし微罪は、それ自体はとるに足りなくても、一人の個人や大勢の人、また集団のなかに積み重なるうちに、もっと大きな不正をしても大丈夫だというシグナルを発するようになる。この観点から言うと、個々の逸脱行為がおよぼす影響が、一つの不正行為という枠を超え得ることを認識する必要がある。不正は人を介して伝わるため、ゆっくりと気づかれずに社会を侵食していく。「ウィルス」が人から人へと変異しながら感染するうちに、倫理性の低い新たな行動規範が生まれる。このプロセスは目立たず緩慢だが、最終的に破滅的な結果を招くことがある。これが、どんなにささいなものであれ、ごまかしがもたらす真のコストなのだ。だからこそ、ほんの小さなものも含め、あらゆる違反行為を減らすとりくみを、ますます気を引き締めて行なわなくてはならない。

そのために何ができるだろう？　ヒントは、割れ窓理論にあるかもしれない。これは犯罪学者のジョージ・ケリングとジェームズ・ウィルソンが、一九八二年に『アトランティック』誌に発表した記事の基盤となった考えだ。ケリングとウィルソンは、治安の悪い地域で秩序を保つにはどうすればいいかを提唱した。それは地域を巡回する警察官を増やすだけではない。都市の荒廃した地域の住民は、建物の窓が割れたままずっと放置されているのを見ると、もっと多くの窓を割って、建物や周辺地域にさらに損害を与えたい誘惑に駆られ、結果としてスラム化を招いてしまうという。ケリングらは、この割れ窓理論を踏まえて、破壊行為を阻止するための単純な戦略を提唱した。問題は小さいうちに解決せよ。窓が割られる（またはほかの不品行が行なわれる）たびに、すぐ直せば、潜在的な犯罪者が悪さをする確率はぐっと低くなるはずだというのだ。

割れ窓理論は立証や反証が難しいが、その考え方には一理ある。この理論は、小さな犯罪を容認、看過、容赦すべきでないと諭している。そうすることで事態がさらに悪化するからだ。これがとくに重要なのは、政治家や官僚、有名人、ＣＥＯなど、世間の注目を浴びている人たちだ。彼らにことさら高い基準を求めるのは不公平だと思うかもしれないが、衆目にさらされる行動が、それを目にする人たちに幅広い影響をおよぼすという考えを真剣に受けとめるなら、彼らが不正をすれば社会全体により大きな波及影響がおよぶことを考えなくてはならない。ところが実際にはこの考え方とは裏腹に、有名人は罪を犯しても一般人より処罰が軽いことが多い。そんなことでは、彼らの犯した罪が、大して悪くないという印象を与えかねない。

さいわい、腐敗と闘う人たちを大々的にとりあげて、道徳的感染のよい面を活かすこともできる。たとえばエンロン社員のシェロン・ワトキンスと、ＦＢＩ捜査官のコリーン・ロウリー、ワールドコムの監査人のシンシア・クーパーは、所属組織の不正に立ち向かった個人の模範例だ。三人は『タイム』誌によって二〇〇二年の「今年の人」に選ばれた。

正直な行為は、社会的な道徳心を育むうえでこのうえなく大切だ。また社会的感染を踏まえて、とくに優れた道徳的行為を、たとえセンセーショナルなニュースにはならなくても、広く伝えていく必要がある。立派な行動の華々しい例やリアルな例に学べば、社会的に受け入れられる行動、受け入れられない行動についての認識を改め、やがて自分自身、よりよい行動をとれるようになるかもしれない。

第九章　協働して行なう不正行為
——なぜ一人よりみんなの方がずるをしやすいのか

組織と名のつくところで一度でもはたらいたことがある人なら、集団での仕事がかなりの時間を占めることを知っているだろう。経済活動や意思決定の多くは、協働を通じて行なわれる。実際、ほとんどのアメリカ企業が集団作業を非常に重視しているし、最近ではアメリカの全従業員の半数以上が、一日のうちの少なくとも一部を、集団での作業に費やしている。[10] あなた自身、ここ半年で参加した会合やプロジェクトチーム、その他の協働の機会がいくつあったかを考えれば、集団活動が労働時間のどれほど多くを占めているか、すぐわかるはずだ。集団活動は、教育でも非常に大きな役割を果たしている。たとえばMBA学生の課題の大部分がグループ課題だし、学部生の授業でもグループプロジェクトが要求される。

一般に、集団で仕事をすることは、結果に好ましい影響をおよぼし、意思決定の全体的な質を高めると考えられている(11)（実際には、協働が意思決定の質を低めることを、多くの研究は示しているのだが、これについては、また別の機会に説明するとしよう）。協働はいいことずくめで、悪いことはほとんどないというのが、一般認識だろう。仲間意識が高まる、仕事がいっそう楽しくなる、新しいアイデアの共有、創出から利益が得られるといったことで、そのすべてが従業員の意欲や仕事の効率を高めるというのだ。これのどこがいけないというのか？

何年か前に大学院の授業で、利益相反に関するわたしの研究（第三章「自分の動機で目が曇る」を参照のこと）について説明したときのことだ。授業が終わると、ある学生（ジェニファーと呼ぼう）がやって来て、議論が心に響いたと言ってくれた。数年前に、公認会計士（CPA）として大手会計事務所ではたらいていたときのことを思い出したという。

当時のジェニファーの仕事は、年次報告書や委任状説明書など、株主に企業の実態を知らせるための文書を作成することだった。あるとき彼女は上司に命じられて、大手クライアントの年次株主総会用の報告書を、部下たちと作成することになったという。クライアントの財務諸表をしらみつぶしに調べ、財務状況を判断することが求められた。責任重大な仕事だ。ジェニファーとチームは、網羅的かつ詳細で、誠実かつ現実的な報告書を作成するべく、必死にとりくんだ。利益を過大申告したり、損失を翌年度にくり越したりなどせず、全力を尽くしてできる限り正確な報告書をつくった。彼女は報告書の草案を上司のデスクに置き、どんな反応が返ってくるかを（一抹の不安を感じながらも）楽しみに待った。

その日遅く、報告書が上司のメモと一緒に戻ってきた。メモにはこうあった。「数字が気に入らない。チームを招集して、水曜までに改訂版をつくってくれ」。上司が数字を「気に入らない」理由はそれこそいくらでも考えられたし、だいいち彼が何を言いたいのか、いまひとつよくわからなかった。おまけに、数字を「気に入らない」というのは、数字が間違っているのとはまったく違う問題だ。間違っている、とはひと言も書かれていなかった。ありとあらゆる疑問がジェニファーの頭をよぎった。「ボスはいったい何を求めているのだろう？　どれだけ数字を変えればいいのだろう？　〇・五％？　一％？　それとも五％？」。それに数字を「改善」したとして、だれが説明責任をもつのだろうと、彼女はいぶかった。修正した数字があまりにも楽観的で、責任問題になったら、上司と彼女のどちらが責めを負わされるのだろう？

会計士という職業自体、あいまいなところのある仕事だ。もちろん明確なルールもあるにはある。だが会計士は、例の「一般に認められた会計原則」（ＧＡＡＰ）という、あいまいな名前のついた一連の基準にしたがうものとされている。これらの指針では、会計士にかなりの裁量の余地が認められる。あまりにも漠然としているため、財務諸表の解釈のしかたには、会計士の間で大きな違いがある（それに、指針をある程度「曲げる」ことへの金銭的誘因があることも多い）。たとえばルールの一つ、「誠実性の原則」は、会計士の報告は企業の財務状態を「誠実に」反映するものでなくてはならないと定める。これには文句のつけようがないが、「誠実に」とは、あまりにもあいまいでおそろしく主観的な言葉だ。もちろん、（人生でも会計でも）すべてが正確に定量化できるものごとばかりではないが、「誠実に」はいくつかの疑問を投げかける。たとえば、会計士が不誠実な意図をもって行動したらどうなるのか？＊　それに、だれに対しての「誠実」なのだろう？　企業を経営する人たちだろうか？　報告書の見栄えをよくして、利益が出ているように見せたい（それによってボーナスや報酬を増やしたい）人たち？　企業に投資した人たち？　それとも企業の財務状態を正確に把握したい人たちだろうか？

ジェニファーは、この任務につきものの複雑さとあいまいさに加えて、いまや上司からの圧力にも悩まされていた。自分にとって誠実に思えるやり方で最初の報告書をつくったのに、実は会計原則を少々曲げることを求められていることに気づいたのだ。上司が求め

＊もう一つのあいまいなルールが、「保守主義（慎重）の原則」だ。これによれば、会計士は企業の財務状態を実際以上によく見せようとしてはいけない。

ていたのは、クライアント企業の印象をよくするような数字だった。彼女はしばらく考えたすえ、自分とチームは上司の要求に応えるべきだという結論に達した。何しろ彼はボスなのだし、自分より彼の方が、会計はもちろん、クライアントとのつき合い方や、クライアントの期待するものをずっとよく心得ているのは間違いない。ジェニファーは、できる限り正確な報告書を作成しようと心に誓って仕事に着手したのに、結局はふり出しに戻って財務報告書を見直し、数字に手を加えて、「よりよい」報告書をつくり直すことになった。ようやく上司は満足した。

ジェニファーの話を聞いてからも、わたしは考え続けた。彼女の職場環境や、上司や部下と一緒にチームとして仕事をしたことは、会計の境界線を押し広げるという彼女の決断に、どんな影響をおよぼしたのだろう。ジェニファーが陥った状況は、もちろん職場ではしょっちゅうあることだが、とくにわたしの目を引いたのは、ごまかしがチームという環境で起きたということだ。この点が、それまでわたしたちの研究していたどのケースとも違っていた。

それまでに行なったごまかしに関するどの実験でも、ごまかしを行なう決定は、一人の個人が（他人の不正行為によって促された場合であっても）単独で下していた。だがジェニファーのケースでは、職場でよくあるように、複数の人が直接関わっていた。実際ジェニファーは、自分の行動が自分と上司のほか、チームメイトにも影響をおよぼすことをはっきり自覚していた。年度末にはチーム全体が集団として評価されるため、チーム全員のボーナスや昇給、将来性は、互いに密接に結びついていた。

そんなわけでわたしは、協働が個人の正直さに与える影響について考えるようになった。わたしたちは集団に属していると、もっとごまかしをしたくなるのだろうか、抑えたくなるのだろうか？　別の言い方をすると、集団という環境は、正直さを促すのだろうか、それとも損なうのだろうか？　この問題は、前の章（「感染症としての不正行為」）で考えた、ごまかしが人から人へと「感染する」という考えとも関係している。だが社会的感染と社会的依存は違う。他人のごまかしを目撃し、それをもとに「何が受け入れられる社会規範か」という認識を改めることと、他人の経済的幸福が自分の肩にかかっていることは、まったく別の問題だ。

たとえばあなたは同僚と一緒に何かのプロジェクトにとりくんでいる。あなたは同僚の疑わしい行動を目撃したわけではないが、自分がルールをちょっと曲げれば、同僚（とあなた）の利益になることを知っている。自分だけでなく、仲間も利益を得ることがわかっているとき、あなたはごまかしをしやすくなるだろうか？　ジェニファーの物語は、人が協働するとき、道徳的指針を曲げやすくなる可能性を示唆しているが、これは一般的なケースなのだろうか？

これから協働がごまかしに与える影響を調べた実験について説明するが、その前に一歩下がって、不正直になってしまうわたしたちの傾向に、チームや協働がどんなプラスの影響、マイナスの影響をおよぼすかを考えよう。

利他的なごまかし――協働の潜在的代償

職場環境は社会的に複雑で、そこにはいろいろな力がはたらいている。こうした力のなかには、集団的プロセスでの協働をごまかしの温床に変えてしまうものがあるのかもしれない。つまり自分がごまかしをすれば、自分が好きで大切に思っている人の利益になることを知って、ごまかしの度合いを高めるかもしれないということだ。

ジェニファーに戻ろう。彼女は忠誠心の高い人物で、そういう自分に満足しているとする。また上司やチームメイトのことが本当に好きで、彼らの役に立ちたいと心から願っている。彼女はこうしたことを踏まえて、上司の願いを聞き入れたり、報告書に手を加えようとさえするかもしれない。利己的な動機からではなく、上司の幸福と、チーム全員への思いやりのためにそうするのだ。「悪い」数字のせいで、上司や部下がクライアントの愛顧を失ったり、社内での立場が悪くなったらどうしようと、ジェニファーは考える。つまり、ジェニファーがチームに対する思いやりから、自分の不品行の度合いを高めるかもしれないということだ。

この衝動の根底にあるのが、社会科学で「社会的効用」と呼ばれるものだ。これはわたしたちのもっている、不合理だが、実に人間的で、すばらしく共感的な一面を表わすのに使われる用語だ。こういう面があるからこそ、わたしたちは思いやりをもち、できる限り――たとえ自分に犠牲を払ってでも――他人を助けようとする。もちろん、自己利益のために行動したいという動機は、だれでも多少はもっているが、それだけでなく、周りの人、とくに自分にとって大切な人の利益になるような方法で行動したいという欲求もある。このような利他的感情に促されるからこそ、タイヤがパンクして困っている人を助け、道ばたに落ちている財布を届け、ホームレス施設でボランティアをし、困っている友人に手を貸そうという気になるのだ。

この他人を思いやる傾向が、自分の反倫理的な行動が他人の利益になるような状況で、不正直を促すのかもしれない。このような観点から、他人がからむときのごまかしを、利他的なものと見なすことができる。ロビン・フッドのように、周囲の人たちの幸福を思いやる善良な人間だからこそ、ごまかしをするのだ。

監視――協働の潜在的利益

プラトンの『国家』に出てくるギュゲス王の神話で、ギュゲスという名の羊飼いが、姿を消す指輪を見つける。彼はこの新しく見つけた力を使って、やりたい放題の悪事をはたらこうとする。王の宮殿に忍びこんで王妃を誘惑し、彼女と共謀して王を殺し、王国を支配する。プラトンはこの物語を伝えることで、姿を隠す力を悪用せずにいられる人が、いったいこの世にいるのだろうかという疑問を投げかけた。となると浮かぶ疑問は、わたしたちが悪事をはたらくのを押しとどめる唯一の力が、人に見つかる恐れだけなのかということだ（ちなみにJ・R・R・トールキンは二〇〇〇年ほどあとに、このテーマで『指輪物語』を書いた）。わたしにとってプラトンの描いた神話は、ごまかしをしてしまう人間の傾向を、集団環境が抑止するという考えを、見事に表わしているように思える。チームで仕事をするとき、チームの仲間が暗黙のうちに監視役を果たすことがある。監視されていることを知っていれば、不正行為をする意欲が薄れるのかもしれない。

メリッサ・ベイトソン、ダニエル・ネトル、ギルバート・ロバーツ（全員がニューカッスル大学に所属）の行なった巧妙な実験は、ただ監視されていると感じるだけで問題行動が抑制されるという考えを例証している。この実験が行なわれたのはニューカッスル大学心理学部のキッチンで、教職員が紅茶、コーヒー、ミルクを自由に入れられるようになっていた。実験者はお茶を入れるコーナーの頭上に、飲みものをつくる人は近くの「正直箱」に代金を入れてくださいと書いた貼り紙をでかでかと貼っておいた。そして一〇週間の間、貼り紙に写真を貼った。写真は二種類あって、毎週交互に貼り替えた。五週間は花の写真を、残りの五週間はこちらをじっと見つめる目の写真を貼った。こうしておいて、週末ごとに正直箱のなかの金額を集計した。何がわかっただろう？　花の写真を貼った週の終わりにも、箱のなかにいくらかお金は入っていたが、鋭い目が「監視」していた週は、箱のなかの金額が三倍ほどに跳ねあがったのだ。

行動経済学の多くの研究成果と同じで、この実験の結果にも嬉しい面と残念な面があった。残念だったのは、心理学部の教職員という、分別があってしかるべき人たちでさえ、公共の利益を分担せずに、こっそり立ち去っていたことだ。反面、さいわいなことに、ただ監視されているような感覚をもたせるだけで、より正直な行動を促せることがわかった。そのうえ、ジョージ・オーウェルの「ビッグブラザーが見ている」式の本格的な手法は必要なく、監視されているというほんのかすかな暗示にも、正直さを高める効果があった。ひょっとするとジェニファーの上司のオフィスに、監視する目の写真を貼った警告標識を掲げておけば、上司の行動が変わったかもしれないのだ。

フランチェスカ・ジーノ、シャハール・アヤールとわたしは、ジェニファーの状況を考えるうちに、協働的環境で不正が起きるしくみについて考えるようになった。監視はごまかしを減らすのに役立つだろうか？　それとも逆に、集団のメンバー同士の社会的つながりが利他性を高め、その結果不正直さも高まるのだろうか？　また二つの力が反対方向に影響をおよぼすとしたら、どちらが強力だろう？　この疑問を解き明かすために、例の数字探し実験を行なうことにした。今回は基本的な対照条件（ごまかしが不可能）と破棄条件（ごまかしが可能）に加えて、破棄条件に協働の要素を加味した新しい条件を設けた。

集団がおよぼす影響を調べる最初の段階では、協力者に作戦を話し合ったり、親しくなったりする機会を与えたくなかった。そこで、二人のチームメンバーが互いに親近感やつながりを感じないような協働条件を設け、これを「距離を置いたグループ」条件と名づけた。たとえばあなたがこのグループの一人だったとしよう。あなたはふつうの破棄条件と同じように、机に座ってＨＢの鉛筆を握りしめ、五分間かけて数字探し問題を解く。時間が終了すると、シュレッダーまで歩いていってテスト用紙を破棄する。

と、ここまではふつうの破棄条件と同じ手順だが、ここで協働の要素を導入する。あなたはだれかと二人一組のチームを組んで、チームとしての総報酬を二人で折半すると教えられる。そして青色または緑色の引換券を配られるが、よく見ると右上の隅に数字が一つ印字されている。あなたは部屋を歩き回って、右上の隅に同じ数字が書かれた、色違いの引換券をもっているパートナーを探す。パートナーが無事見つかったら、一緒に座って、それぞれが自分の引換券にまず自分の正答数を書き、それからパートナーの正答数を書き入れる。最後に二人の正答数を足し合わせて、総合得点を計算する。ここまで終わったら、二人で実験者のところに行って、引換券を二枚とも提出する。作業用紙は破棄してしまったから、実験者には二人の申告する成績が正しいかどうかをたしかめるすべはない。そこで実験者はあなたたちの言葉をそのまま信じ、成績に応じた報酬を支払い、あなたたちは二人で稼ぎを山分けするという段どりだ。

さてこの条件の協力者は、単独の破棄条件の人たちよりもたくさんごまかしをしただろうか？　結果を教えよう。協力者は、チームの二人ともが得点を水増しすれば、自分も相手も不正から利益を得られることに気づいて、ごまかしの度合いをさらに高め、自分だけのためにごまかしをしたときよりも三問多く正答したと申告したのだ。この結果から、わたしたち人間には、利他的なごまかしを好む傾向があることがわかる。たとえ自分のごまかしによって利益を得る相手のことを、ほとんど知らなくてもだ。残念なことに、利他性にも暗い面があるようだ。

これが悪い側面だったが、それがすべてではない。

ここまでの実験で、他人が自分のごまかしから利益を得る状況では、たとえその人のことを知らなくても、より不正な行動をとってしまうという、協働のマイナス面の一つを立証した。ここで実験の趣向を変えて協働のプラス面に目を向け、チームメンバーがお互いを監視したときにどうなるかを調べることにした。たとえばあなたは何人かの協力者と同じ部屋にいて、初対面の相手とランダムにペアを組まされる。ラッキーなことに、人なつこそうな若い女性とペアになった。だが言葉を交わす間もなく、黙って数字探し課題をやりなさいと指示される。あなたはプレーヤー1なので、先に問題を解く。一問めの行列にとりかかり、二問め、三問めとどんどん解き進める。その間パートナーは、あなたが問題にとりくみ、成功し、失敗する様子をずっと見守っている。五分間が終了すると、あなたは鉛筆を置き、代わってパートナーが鉛筆をとりあげる。彼女が数字探し課題にとりくんでいる間、今度はあなたが彼女の進み具合を見守る。時間が終了すると、二人一緒にシュレッダーまで行って、二人分の作業用紙を破棄する。それから自分の得点を引換券に書き、パートナーの得点を足して、総合得点を出す。最後に実験者のところに行って、報酬を受けとる。このすべてを、パートナーとひと言も言葉を交わさずに行なうという設定だ。

では、ごまかしの度合いはどうだったか？　何と、少しも行なわれなかったのだ。これまでくり返し見てきたように、人には一般にごまかしをする傾向があり、相手が自分のごまかしから利益を得るときにはその傾向がさらに強まる。それにもかかわらず、みっちり監視されることで、ごまかしは完全に排除されたのだ。

ここまでの集団でのごまかしに関する実験から、二つの力が作用していることがわかった。人は利他的な傾向があるため、自分の不正によってチームメンバーが利益を得る状況では、ごまかしを増やすが、その一方でメンバーによって直接監視されることには、不正を減らし、場合によっては完全に排除する効果もある。二つの力が併存していることを考えると、次に問うべき問題はこれだ。集団内で行なわれる、より標準的なやりとりでは、どちらの力がもう一方を圧倒する可能性が高いだろうか？

この疑問に答えるには、集団のメンバーがふつうの日常的な環境で行なうやりとりに近い設定を考案する必要があった。あなたはたぶん気がついたと思うが、最初の二つの実験では、協力者の間の交流はほとんどなかった。しかし日常生活では、集団内の話し合いや打ち解けたおしゃべりは、集団での協働の重要かつ欠かせない一部だ。この重要な社会的要素を実験に加えるために、こんな設定を考えた。今度は協力者に、パートナーと会話を交わして、お互いを知り合い、親睦を深めてほしいと促した。会話のきっかけになる質問のリストまで配った。そのあとで、それぞれが数字探し課題を解くのを、交代で監視した。

悲しいかな、この社会的要素を加えると、ごまかしが醜い頭をもたげた。実験に両方の要素が揃っているとき、協力者は正答数を四問ほど水増しして申告したのだ。そんなわけで、利他性はごまかしを促し、直接の監視はごまかしを抑える効果があるが、協力者が交流を図る機会を与えられてから監視し合うような状況に置かれると、利他的なごまかしが監視効果を圧倒することがわかった。

長いつき合い

医師や会計士、投資アドバイザーなどは、つき合いが長くなればなるほど、クライアントの健康や幸福を親身になって考えるようになり、その結果自分のニーズよりクライアントのニーズを優先させるようになると、たいていの人は思っているのではないだろうか？　たとえばあなたは医師に（治る見こみのある）病気を診断され、治療の選択肢を二つ示された。一つは積極的で高価な治療を開始する、もう一つは少し待ってあなたの体が問題とどう折り合い、病状がどう進展するか、様子を見るというものだ（専門用語では経過観察という）。どちらの選択肢がよいというたしかな答えはないが、医師のふところにとっては、高価で積極的な治療の方が望ましいのは間違いない。さてあなたは医師に、積極的に治療する選択肢を勧められ、遅くとも来週までには始めた方がいいと言われたとする。あなたはこの助言を信頼するだろうか？　それとも利益相反について自分の知っていることをもとに、助言は話半分に聞いて、必要ならセカンドオピニオンを求めるだろうか？　こういうジレンマにぶつかった人は、たいていサービス提供者を大いに信頼し、しかも長いつき合いになればなるほど、ますます信頼する傾向が高い。何年も前から知っているのだから、きっと自分を大切に思ってくれているに違いない。わたしたちの視点に立って考えるから、よりよい助言をしてくれるはずだろう？

だがもう一つ、可能性がある。有料の助言者は、クライアントとの関係が長くなり、深まるにつれて――意識しようがしまいが――自分にとって最も利益になる治療法を勧めることに、ますます違和感を覚えなくなっていくかもしれないのだ。ジャネット・シュワルツ（例の医薬情報担当者との夕食を一緒に楽しんだチューレーン大学助教）、メアリー＝フランシス・ルーチェ（デューク大学教授）とわたしは、サービス提供者である専門家がクライアントとの関係を深めるにつれ、自分よりクライアントの幸福を第一に考えるようになるという結果が出ることを心から願いながら、この問題の解明にとりくんだ。しかし実験の結果は、その逆を示していた。

これを調べるために、わたしたちは一二年の間に行なわれた数百万件の歯科治療のデータを分析した。患者が歯のつめものをした場合、つめものが銀アマルガムと白い複合材料のどちらだったかを調べたのだ。銀のつめものの方が長もちで安価で耐久性が高いのに対し、白いつめものは見た目はよいが、高価で割れやすい。前歯の場合は、審美性が実用性に勝ることが多いので、白いつめものが好まれる。だがそれほど目につかない奥歯は、銀のつめものを使うのが主流だ。[12]

結果を教えよう。全患者の四分の一が、奥歯に機能的に優れた銀のつめものではなく、見た目はよいが高価な白いつめものを処置されていたのだ。こういったケースではたぶん、歯科医が患者の利益（治療費が安く、長もちする処置）よりも、自分の利益（当初の実入りが多く、修復の頻度も高い処置）を優先する決定を下したものと思われる。

さらに、輪をかけてひどいことがあった。この傾向は、患者が同じ歯科医にかかっている期間が長ければ長いほど顕著だったのだ（ほかの処置にも同じパターンが見られた）。このことは何を示しているだろう？　歯科医は患者と気安くなればなるほど、自分の経済的利益になるような処置を勧めることがますます多くなる。その一方で、長期の患者は、長年育んできた信頼関係をもとに、歯科医の助言をますます受け入れやすくなるのだ。*

結論？　治療の継続性や、患者と医師の継続的な信頼関係には、明らかにたくさんのメリットがあるが、その一方で長年の関係がもたらす代償にも注意しなくてはならない。

ここまで協働して行なうごまかしについてわかったことを、図5にまとめた。

でもちょっと待って、話はそこで終わらない！　当初の実験では、ごまかしをする人と、そのパートナーの両方が、得点を水増しすればするほど利益を得た。もしあなたがごまか

図5　協働して行なうごまかしの教訓

距離を置いた見知らぬパートナーと組んで仕事をするとき、相手が自分のごまかしから利益を得る可能性があると、自分のためだけにごまかしをするときより、さらにごまかしをしやすくなる。

口を利いたことのない監視者と組んで仕事をするとき、ごまかしをすることはまずない。

親しくなった監視者と組んで仕事をするとき、よく知らない相手のためにごまかしをするときより、さらにごまかしをしやすくなる。

要するに、ごまかしの社会的側面はとても強力で、監視の有益な効果を打ち消してしまう場合があるということだ。

しをする側なら、正答数を一問水増しするごとに、半問分の報酬を余計にもらい、パートナーも同じ金額を余計にもらった。この場合の経済的利益は、全額を独り占めする場合に比べれば当然少ないが、とにかくあなた自身も、水増しからいくらかの利益を得た。

　そこで今度は純粋に利他的なごまかしを調べるために、実験に新しい条件を導入した。協力者がごまかしをすると、パートナーだけが利益を得るようにしたのだ。どんな結果が出ただろう？　ふたを開けてみれば、利他主義はたしかにごまかしをする強力な動機づけになることがわかった。ごまかしが純粋に利他的な理由から行なわれるとき、つまりごまかしをする人自身が、その行為から何も利益を得ない場合、水増しの度合いはさらに高まったのだ。

　なぜそうなるのだろう？　思うに、自分の不正によって自分と他人が利益を得るときには、利己と利他の入り交じった動機から不正をすることになる。これに対して、利益を得るのが他人だけだと、自分の問題行動を純粋に利他的なものとして正当化しやすくなり、結果的に自分の道徳的束縛をいっそう緩めてしまうのだ。純粋に他人の利益のために何かをするなんて、ロビン・フッドみたいじゃないか†？

　最後になるが、これら一連の実験の対照条件の成績について、もっとはっきりしたことを言っておこう。ごまかしが可能な条件（単独・破棄、グループ・破棄、距離を置いたグループ・破棄、親しいグループ・破棄、利他的利益・破棄）のそれぞれに、ごまかしをするチャンスのない（シュレッダーを使わない）対照条件があった。これらの多様な対照条件同士を比べることで、協働それ自体が成績の水準に影響をおよぼすかどうかを調べることができた。結果的に、成績はどの対照条件でも変わらなかった。結論？　どうやら集団で仕事をすることには、必ずしも成績を高める効果は――少なくとも、ふつう唱えられているほどの効果は――なさそうだ。

当然だが、わたしたちは他人の助けがなくては生きていけない。協働は生活に欠かせない要素だ。しかし、協働が諸刃の剣だということもはっきりしている。協働は一方で楽しみや忠誠心、モチベーションを高める。だがその一方で、ごまかしの可能性も高めるのだ。つきつめれば――またとても悲しいことだが――同僚のことを一番気にかけている人たち

＊歯科医はこれを故意にやっているのだろうか、また患者は忠誠心のせいでかえってひどい目にあっているのを知っているのだろうか？　たぶん、わざとやっているわけではないのだろうが、意識的であろうとなかろうと、問題があることは間違いない。

†これらの結果を見る限り、政党や非営利団体といったイデオロギー的な組織ではたらく人たちは、大義のため、また人助けのためにやっているという意識から、道徳上のルールを曲げることに違和感を覚えにくいのではないかと思われる。

が、一番たくさんごまかしをしてしまうのかもしれない。もちろん、集団で仕事をするのはやめ、協働を中止し、互いを思いやるべきでないなどとは言わない。だが協働と親近感の高まりに潜む代償は、肝に銘じる必要がある。

協働活動の皮肉

もしわたしたちが協働することで不正直になってしまうのなら、何か対策はあるだろうか？　すぐに思いつく答えが、監視を強化することだ。実際、企業不祥事が起きるたびに、政府の規制当局がおきまりのようにとる対応がこれだ。たとえばエンロン事件を受けて、サーベンス・オクスリー法と呼ばれる、企業の財務報告に関するさまざまな規制が導入されたし、二〇〇八年の金融危機後は、金融業界の規制と監督を強化するための、さらに多くの規制（主にドッド＝フランク・ウォール街改革および消費者保護に関する法律、通称ドッド＝フランク法から派生したもの）が導入された。

監視がある程度役に立つということに、異論はない。しかし実験の結果から、監視の強化だけでは、不正を正当化するわたしたちの能力を完全にねじ伏せられないことも、はっきりわかっている。とくに、自分のごまかしが他人を利する場合がそうだ（それに規制遵守が大きな経済的コストを伴うのは、言うまでもない）。

場合によっては、ルールや規制の層をやみくもに積み重ねる代わりに、集団での協働活動の性質を変えることに、焦点をあてるべきなのかもしれない。しばらく前にわたしの元教え子のジーノが、この問題の興味深い解決策を、大手国際銀行に導入した。ジーノは融資担当者のチームが一緒に仕事をすることで不正行為をしやすくなる（たとえば短期的な利益をかさ上げするために融資金額を過大に報告するなど）のを防ぐために、独自の監視体制を立ちあげた。融資担当者には、融資申請書の審査と承認を、外部の集団が検査することを伝えた。外部の集団は融資チームと社会的に切り離され、融資チームに対する忠誠心も、融資担当者の力になりたいという動機づけももたなかった。二つの集団は、お互いから確実に隔離されるよう、違うビルに配置された。直接のやりとりは禁じられ、相手の集団にだれがいるかさえ知らされなかった。

わたしはこの手法の有効性を評価するために、ジーノからデータをもらおうとしたのだが、銀行の弁護士から横やりが入った。だから実際にうまくいったのか、また従業員がこのとりきめをどう思ったのかはわからない。だがこのしくみは何らかのよい結果をもたらしたのではないかと思っている。もちろん、融資担当者の作業グループは、前ほど会合を楽しめなくなっただろう。グループの意思決定にまつわるストレスも高まっただろうし、手法を導入するためのコストもばかにならなかったはずだ。それでも、匿名の第三者による客観的な監視という要素を加えることには、倫理性や道徳心、そして利益にも、全般的にプラスの影響があったようだと、ジーノは言っていた。

当然ながら、集団環境でのごまかしという複雑な問題に、特効薬などない。だがわたしたちの研究成果は全体として見れば、組織にとって重大な意味をもつのではないかと思う。協働がわたしたちの職業人としての生活の大部分を占めていることを考えればなおさらだ。社会的環境で起きる不正の深刻さと複雑さを深く理解すればするほど、憂鬱な気もちになるのも無理はない。それでも、協働には落とし穴があることを自覚していれば、不正行為を正すために何らかの対策を講じることはできるのだ。

第一〇章　半・楽観的なエンディング
——人はそれほどごまかしをしない！

ここまで、正直と不正が二つのまったく異なる動機づけに動かされていることを見てきた。わたしたちは一方ではごまかしから利益を得たいが（これが合理的、経済学的な動機づけだ）、その一方では自分をすばらしい人間だと思いたい（心理的な動機づけ）。この二つの目的を同時に達成する——いわゆる両方のいいところどりをする——のは、一見無理なように思えるかもしれない。だがこれまでのページを費やしてくみ立ててきたつじつま合わせ係数仮説は、人が柔軟な論理的思考と正当化の能力によって、それをやってのけることを示している。基本的に、ほんのちょっとだけごまかしをする分には、いいところどりは（ある程度は）可能だ。好ましい自己イメージを保ちながらも、不正からいくらか利益を得ることはできるのだ。

これまで見てきたように、ある種の要因（たとえば不正をして得られる金額や、つかまる確率など）が人におよぼす影響は、一般に考えられているよりずっと小さい。逆に、予想以上に大きな影響をおよぼす要因もある。道徳心を呼び起こすもの、現金からの距離、利益相反、消耗、偽造品、捏造した成績を思い出させるもの、創造性、他人の不正行為を目撃すること、チームメンバーへの思いやりなどがそうだ。

この本で紹介してきたさまざまな実験は不正に焦点をあてているが、一つ言っておきたいことがある。それは、実験協力者のほとんどが、立派な大学の気のいい学生で、この先間違いなく、何らかの権力や影響力のある地位に就くであろう人たちだということだ。彼らはふつうに言って、ごまかしをするような人たちではない。実のところ、あなたやわたし、そして地球上のほとんどの人たちと変わらないのだ。つまりわたしたちのだれしもが、ちょっとだけごまかしをする可能性が十分あることになる。

そう言うと悲観的に聞こえるかもしれないが、楽観的に見ればこうも言える。たいていの人は、ふつうの経済理論が予測するよりも道徳的だ。実際、純粋に合理的な（SMORC的な）観点からすれば、わたしたち人間はごまかしの量が全然足りないということになる。たとえばあなたはここ数日間で、人に見つからずにごまかしができるチャンスが何度あったか考えてほしい。同僚がデスクに財布を置きっぱなしにして、長いミーティングに出ていた。喫茶店で知らない人に、トイレに行く間ラップトップを見ていてほしいと頼まれた。スーパーの店員が商品をレジにとおし忘れた。人気《ひとけ》のない通りにカギのかかっていない自転車があった、など。これらの状況でとるべきSMORC的行動は、金やラップトップ、自転車をぶんどり、レジの間違いには素知らぬふりをすることだ。しかし、わたしたちは日々こういうチャンスに出くわしながら、それを利用してやろうとも思わずに、ほとんどを逃している。つまりわたしたちは、道徳心を高めようとするとりくみにおいて、幸先のよいスタートを切っているのだ。

「本物の」犯罪者はどうなる？

すべての実験で調べた数千人の実験協力者のなかには、できるだけ多くのお金を自分のものにしようとして、積極的にごまかしをした人たちも、いるにはいた。たとえば数字探しの課題では、二〇問中、一八問や一九問を正答したと申告した人は一人もいなかったが、ときおりだれかが二〇問を全問正答したと申告することはあった。費用便益分析を行ない、できるだけ多くの金をもち去ろうときめた人たちだ。さいわい、人数はそう多くなかったし、あくまで例外だったから、彼らのせいで失った金額は数百ドルですんだ（ありがたくはないが、ひどすぎるというわけでもない）。その一方で、数千人の協力者が「ほんの」数問だけごまかしをしたが、あまりにも人数が多かったために、彼らのせいでわたしたちが失った金額は数千、数万ドルにものぼった。これは積極的にごまかしをした人たちのせいで失った金額よりずっと多い。

積極的にごまかしをした人たちと、ちょっとしたごまかしをした人たちがもたらした経済的損失という観点から見ると、これらの実験は社会全体の不正をよく表わしているように思う。めいっぱいまで盗む人は、ごく少数だ。しかし大勢の善良な人たちは、ビラブルアワーの端数を切りあげ、保険申請で損害額を多めに請求し、不要な治療を勧めるなどして、あちこちでちょっとずつごまかしをしている。同様に、企業もちょっとだけ不正をする方法を見つけ出している。たとえばクレジットカード会社は、明らかな理由もないのに金利をほんの少し引き上げ、隠れた手数料や遅延損害金を次から次へと考え出す（社内では「収益拡大策」と呼ばれることが多い）。銀行は小切手決済を遅らせてわたしたちの資金を一日、二日余分に手元にとどめ、自動貸越やＡＴＭの利用には法外な料金を請求する。こういったすべてからわかるように、はなはだしい不正に注意を払うことはもちろん大切だが、もっと小さくて、もっと広く見られるかたちの不正を――わたしたち全員にほとんどつねに影響をおよぼしている不品行を――害をおよぼす側とおよぼされる側の両方の立場から牽制することの方が、おそらくずっと重要なのだろう。

文化的な違いについてひと言

わたしはしょっちゅう旅行をするから、世界じゅうの人たちと会う機会がある。そんなとき、相手の国の正直さや道徳観について尋ねることにしている。おかげで、地域や国、企業などの文化の違いが、どのように不正を助長するかがわかってきた。

アメリカ以外の国で育った人は、ちょっと考えてほしい。あなたの母国の人は、アメリカ人よりもごまかしをすることが多いだろうか、それとも少ないだろうか？　この質問をいろいろな国の人にした経験から、わかったことがある。人はたいてい、母国でのごまかしについてとても強力な思いこみをもっていて、しかも母国人の方がアメリカ人よりたくさんごまかしをすると信じているのだ（案の定とも言える例外は、カナダと北欧諸国の人だ）。

これは主観的な印象でしかないから、本当に一理あるのかどうかを知りたかった。そこでわたしはこういった文化的認識のいくつかを、より直接的に調べようときめた。文化による違いを調べるために、まっ先に考案しなくてはならなかったのが、金銭的報酬の大きさを世界各地で同じにする方法だ。もし一問正答するごとに、一ドル相当の金額を支払うなどすれば、一部の地域ではとても高い報酬になるし、一部の地域ではかなり低い報酬になってしまう。報酬の大きさを等しくするために最初に思いついたアイデアは、マクドナルドのハンバーガーといった、国際的に知られている商品を利用することだ。たとえば、協力者が数字探し課題を一問正答するごとに、その地域でマクドナルド・ハンバーガーが買える金額の四分の一にあたる報酬を支払うといったやり方だ（ただしこの手法は、マクドナルドで価格設定を担当している人たちが、各地の経済的購買力をきちんと把握し、それに応じた価格を設定していることを前提としている)。

最終的に、これと似た手法の「ビール指数」を用いることにした。地元のバーにブースを設けて、協力者が数字探し問題を一問正答したと申告するたびに、一パイント(約五〇〇cc)のビール代の四分の一にあたる報酬を支払った(ちなみにしらふの協力者を確保するために、バーに来たばかりの客だけに声をかけた)。

わたしはイスラエルで育ったから、イスラエル人がほかと比べてどうなのかに、とくに興味があった(白状すると、イスラエル人はアメリカ人よりごまかしをすると思っていた)。だがふたを開けてみると、イスラエル人の協力者が数字探し課題でしたごまかしの量は、アメリカ人と変わらなかった。ほかの国の人たちについても調べてみた。共同研究者の一人で中国人のシャーリー・ワンは、中国人の方がアメリカ人よりごまかしをすると信じて疑わなかった。だがやはり中国人の不正の水準は、アメリカ人と同じだった。イタリア出身のフランチェスカ・ジーノは、イタリア人が最もごまかしをすると固く信じていた。「イタリアにいらっしゃいよ、本当のごまかしがどんなものか、わたしたちが教えてあげるから」とすてきなイタリア訛りで言い放った。だが彼女も間違っていた。トルコ、カナダ、イギリスについても同じ結果が出た。実際、ごまかしの量はどの国も変わらないように思える。少なくとも、これまで調査した国はみなそうだった。

わたしたちの実験の、国や文化ごとの違いがほとんどないという結果と、多くの人が国によってごまかしをする度合いが違うと強く信じているという事実を、どう折り合わせればいいのだろう？　また実験結果には差がないのに、国や文化、大陸によって腐敗の水準が明らかに違うという矛盾を、どう説明すればいいのだろうか？　わたしが思うに、どちらの見方も正しい。わたしたちのデータは、ごまかしの重要で本質的な側面を反映しているが、文化的な違いもそうなのだ。説明しよう。

わたしたちの数字探し課題は、どんな文化的状況とも離れて存在する。つまり、何らかの社会的、文化的環境の深く根づいた一部ではない。この課題は、道徳的柔軟性を発揮して、状況や行動を自分の有利にとらえ直すという、人間の基本的能力を調べるものだ。これに対して、わたしたちの日々の活動は、複雑な文化的文脈と密接にからみ合っている。この文化的文脈は、主に二つの方法で不正に影響をおよぼすことがある。一つは、特定の活動を道徳的領域のなかに引きずりこんだり、引きずり出したりする方法。もう一つは、特定の領域で妥当と見なされているつじつま合わせ係数の大きさを変える方法だ。

たとえば剽窃（盗用）を例に考えてみよう。アメリカの大学では、剽窃はとても深刻に受けとめられるが、一部の文化では、学生と教授陣のポーカーゲームのようなものと見なされている。こういう文化では、ごまかしという行為それ自体より、見つかることの方が否定的に見られる。同様に、一部の社会では眉をひそめられるごまかし（脱税や不倫、ソフトウェアの違法ダウンロード、車がいないときの信号無視など）が、ほかの文化では支障がないと思われていたり、武勇伝になることさえある。

言うまでもないことだが、文化がごまかしにおよぼす影響については、不正を減らすのに役立つ社会的影響という面でも、不正や腐敗を促す社会的要因という面でも、まだまだ調べるべきことはたくさんある。

後記——ところで、わたしたちの行なったすべての比較文化実験のなかで、たった一度だけ違いが認められたことがあった。あるときラチェリ・バーカンとわたしは、ワシントンDCの議会スタッフの集まるバーで実験をした。それからニューヨークはウォール街の銀行家たちの集うバーでも、同じ実験をした。文化的違いが見られたのは、あとにも先にもこのときだけだった。政治家と銀行家では、どちらが多くごまかしをしたと、あなたは思うだろう？　わたしはだんぜん政治家だと思っていたが、結果は逆を示していた。銀行家の方が、二倍近くもごまかしをしたのだ（だが政治家の友人より、銀行家の友人を疑うのはまだ早い。わたしたちの調べた政治家が、政治家の卵、主に議会スタッフだったことをお忘れなく。つまり、成長と発展の余地がまだまだある人材だ）。

ごまかしと浮気

当然ながら、ごまかしに関する本は、不貞や不倫をとりつくろうための複雑でこみ入った言い逃れをとりあげなければ、手落ちというものだろう。何と言っても、日常語でだますと言えばまず浮気のことだ。

実際、浮気は世界で最もドラマチックな娯楽の提供源の一つともいえる。エリザベス・テイラー、チャールズ皇太子、タイガー・ウッズ、エリオット・スピッツァー〔ニューヨーク州知事〕、アーノルド・シュワルツェネッガーといった現代の姦夫姦婦たちが伴侶を裏切っていなければ、タブロイド誌や芸能関連のメディアはきっとつぶれていただろう（まあ、そこまでは行かないか）。

つじつま合わせ係数仮説からすると、浮気はここまで見てきた不正の性質をすべて備えた、不正の典型例と言っていい。まず、浮気は費用便益分析とは無関係に行なわれる不正行為の申し子（の一人）だ。また浮気をするかどうかは、それを自分のなかでどれだけ正当化できるかに大きくかかっているのではないかと思う。浮気が一つの小さな行動（たとえばキス）から始まるという点も、時間とともに深みにはまっていく理由の一つなのだろう。また旅先や映画のセットといった、日々の単調な生活から離れた、社会的ルールがあまり明確でない環境にいると、浮気を正当化する能力がさらに高まることがある。それに俳優や芸術家、政治家――浮気が多いと一般に思われている職業ばかりだ――といった創造力のある人たちは、なぜそういう行動をしてもかまわないのか、むしろ望ましくさえあるのかを説明する物語を紡ぎ出すのに長けている。そしてほかの種類の不正と同じで、浮気は周りの人たちの行動に影響を受ける。身近な友人や家族に浮気の経験者がたくさんいる人は、そういう人たちと接触するうちに感化されるのだろう。

浮気がこれほど複雑で、ニュアンスに富み、社会的に重要なテーマであることを考えると、この本がなぜ浮気に章を割いていないのか、なぜこの実に魅力的なテーマが一つの小さなコラムに追いやられているのか、不思議に思う人もいるだろう。問題はデータにある。わたしは基本的に、実験やデータから引き出せる結論にこだわることにしている。浮気に関する実験を行なうのはほとんど不可能に近いし、データが得られたとしても、そもそも評価するのが難しい。つまり浮気については、いまのところはわたしたちの推測に任されており、また推測するしかないのだ。

そんなわけで、わたしたちは不正にとり囲まれている。一八七三年に書かれたという、こんな詩がある。

いんちき、いんちき、そこここに
かたちや大きささまざまに
人からいんちきをとり去ったら
あとには嘘しか残らない
慈善は詐欺を隠すため
施しはペテン師をしたがえる
自国でだまされ、海外でもだまされ
どこへ行ってもだまされる
この世はペテンだらけ
不正直者が動かしている
一人去ればまた一人
何度も何度もだまされる

Apoth E. Cary「だまし一家の回想(13)」

図6　不正をつくる要因のまとめ

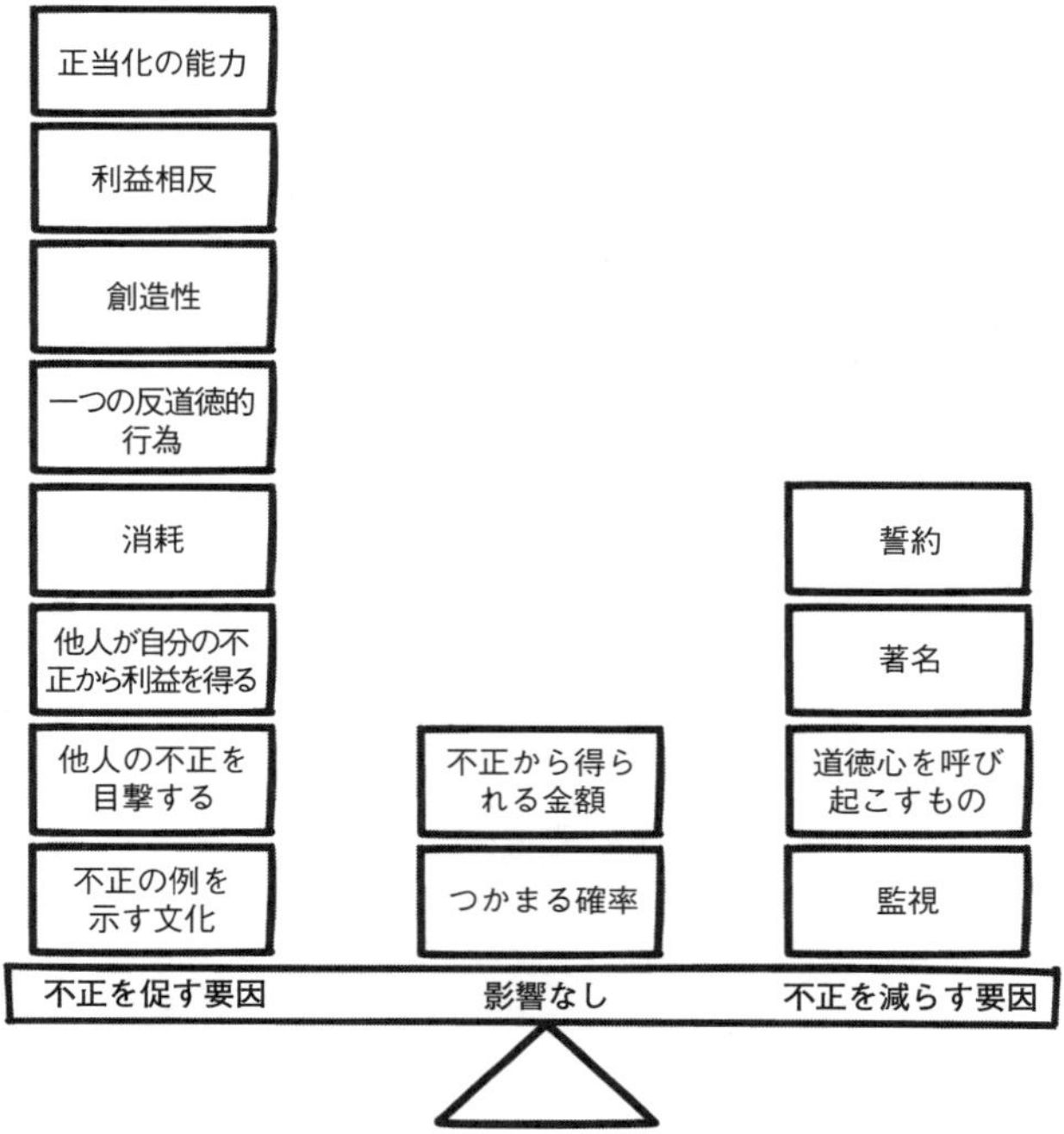

ここまで見てきたように、だれもがごまかしをする能力をもっている。またごまかしをする自分がなぜ不正直でも不道徳でもないのか、その理由を説明する物語を自分に語るのがとてもうまい。さらに始末の悪いことに、わたしたちは他人のごまかし菌に「感染」しやすく、またいったん不正なことをし始めると、同じ方法で不品行を続ける可能性が高い。では不正には、何か対策はあるだろうか？　わたしたちは最近、とほうもない金融危機を経験した。あれは人間の失敗について、またわたしたちの生活や一般社会で不合理が果たしている役割について考える、絶好の機会だった。この人為的災害を機に、人間の不合理な傾向のいくつかと折り合いをつけるための措置が講じられ、それに合わせて市場に対する方針が見直され始めている。合理性の神殿はゆらいでいる。不合理性への理解をさらに深めていけば、いつかこのような危機を回避するのに役立つしくみを考え直し、つくり替えることができるだろう。これをしなければ、せっかくの危機が無駄になってしまう。

死を忘れるな《メメント・モリ》

ローマ時代と現代の銀行業には共通性がたくさん考えられるが、なかでも重要なものが「死の警告」だろう。ローマの最盛期、大きな勝利を収めた将軍たちは、戦利品を掲げて市内を凱旋した。彼らは紫と金色の礼服を身にまとい、月桂樹の冠を頭に戴き、顔に赤い絵の具を塗って、玉座に担がれ、熱狂的な歓迎と祝福、賛美を受けた。しかしこの儀式にはもう一つ、忘れてはならない側面があった。将軍のそばに一日中奴隷がついて歩き、凱旋将軍が傲慢に陥ることのないよう、その耳にささやき続けたのだ。「メメント・モリ」、つまり「死を忘れるな」と。

もしわたしがこの警句の現代版をつくる役目を任されたら、「可謬性（誤りやすさ）を忘れるな」とか、ひょっとすると「不合理性を忘れるな」を選ぶだろう。警句は何でもいいが、わたしたちの至らない点を自覚することは、よりよい意思決定を行ない、よりよい社会をつくり、制度をよりよいものに変えるための、重要な第一歩なのだ。

そういうわけで、わたしたちが次にとりくまなくてはならない課題は、不正に対抗するための、より効果的で実際的な方法を考え出すことだ。ビジネススクールはカリキュラムにビジネス倫理の講義をとり入れ、企業は行動規範のセミナーに従業員を送りこみ、政府は情報開示方針を定めている。しかし世のなかの不正事情をちょっと考えれば、そんなことでは埒《らち》が明かないことはすぐわかる。それにこの本で紹介してきた研究に照らして考えれば、こうした応急処置的な方法は、不正の心理を考慮に入れていないというごく単純な理由から、失敗を免れないことは明らかだ。結局のところ、不正行為を阻止するために講じられる政策や措置は、どれをとっても、改めるべき行動や動機づけに的を定めている。また一般に政府の介入は、ＳＭＯＲＣの原理が作用しているという前提のもとに行なわれる。だがこれまで見てきたように、この単純なモデルは、不正行為を促している原動力とは、ほとんど何の関係もないのだ。

不正行為を本気で減らすには、どんな介入を試すべきだろう？　もうわかってくれたと思うが、不正を減らす見こみがあるとすれば、そもそもなぜ人が不正な行動をとるのか、それを理解することから始めなくてはならない。これを出発点とすれば、より効果的な改善策を考え出せるようになる。たとえば、たいていの人は正直でありたいと思っているが、不正から利益を得たい誘惑にも駆られる。このことを知っていれば、誘惑の瞬間に道徳心を呼び起こすものを用いる手法を、提案することができる。これは前に説明したように、驚くほど効果の高い方法なのだ。同様に、利益相反がどのようにして起こるか、どれほど深い影響をおよぼすかを理解していれば、利益相反をなるべく回避し、いまよりずっと厳しい規制を課す必要があることがはっきりする。環境や、精神的、肉体的消耗が不正におよぼす影響も明らかにしなくてはいけない。それにもちろん、不正の社会的感染性のしくみが解明されれば、割れ窓理論を手がかりに、ごまかしの社会的感染を防ぐための対策を講じることができるだろう。

興味深いことに、道徳的指針をリセットし、「どうにでもなれ」効果を阻止するために、特別に設計されたかのような社会的機構が、現に数多く存在する。たとえばカトリックの懺悔やユダヤ教のヨム・キプル（贖罪の日）、イスラムのラマダン（断食月）、毎週の安息日といったリセットの儀式がそうだ。これらはどれも、自制心をとり戻し、堕落を食い止め、改心する機会を与えてくれる（信仰をもたない人は、新年の抱負や、誕生日、転職、失恋などを「リセット」の機会と考えるといい）。最近わたしたちは、この種のリセット手法の有効性を（カトリックの懺悔の非宗教版を使って）調べる基礎的実験を始めたところだが、いまのところ、「どうにでもなれ」効果を打ち消す効果があるように思われる。

社会科学的な観点から言えば、宗教は、社会が人間の潜在的に破壊的な傾向（不正になる傾向を含む）を弱めるのを助けるようなかたちで発展してきた。宗教や宗教的儀式は、道徳を守る義務を、何かにつけて思い出させてくれる。たとえば第二章（「つじつま合わせ仮説」）に出てきた、房飾りのついた下着を着けたユダヤ人の男の話が、この好例だ。イスラムではタスビまたはミスバハと呼ばれる数珠を使って、神のもつ九九の名前を一日に数回唱える。日々の祈りや懺悔の祈り（「神父さま、わたしの罪をお許しください」）、ヒンドゥー教の贖罪の慣行など、わたしたちの実験で十戒が果たしたような役割を担う宗教的戒めは、ほかにもたくさんある。こういった手法の有効性がある程度証明されれば、これと似た（非宗教的な）しくみをビジネスや政治に導入することを検討してもいいだろう。官僚や企業幹部が宣誓をし、倫理規範を用い、ときには許しを求めるようなしくみを設けるべきかもしれない。非宗教的な悔い改めや許しの求めを用いることで、不正行為をするおそれのある人が、行動に注意を払い、改心し、道徳を守りやすくなるかもしれない。

リセットの儀式のなかでもとくに興味をそそるものの一つが、一部の宗派で行なわれている浄化の儀式だ。こうした集団の一つにオプス・デイというカトリックの秘密組織があり、メンバーはトゲのついた鞭で自分の身体を打つ。どうしてオプス・デイの話になったのか、いまとなっては思い出せないのだが、あるときヨエル・インバー（オランダのティルブルフ大学助教）、デイビッド・ピザロ、トム・ギロビッチ（二人ともコーネル大学）とわたしは考えた。自分を鞭打つことやそれに似た行為は、自浄を求める人間の基本的欲求をうまくとらえているのではないだろうか？　悪いことをしたという思いは、自分に罰を与えることで消えるのだろうか？　自分に痛みを与えることは、許しを請い、新しいスタートを切るのに役立つだろうか？

オプス・デイの肉体的な痛みを伴う手法に倣って、わたしたちはトゲのついた鞭よりも現代的で、そう血なまぐさくないものを使って、実験を行なうことにきめた。わたしたちが実験材料に選んだのは、軽い痛みを伴う電気ショックだ。協力者がコーネル大学の研究室に集まると、一つめのグループには過去に罪悪感をもった経験について書いてもらった（「罪悪感」条件）。二つめのグループには、悲しかった（否定的な感情だが、罪悪感とは関係がない）経験のことを書いてもらった（「悲しみ」条件）。三つめのグループには、よい感情も悪い感情ももたなかった経験について書いてもらった（「中立」条件）。このように、まず三種類の経験のどれかをふり返ってもらい、続いて自分に電気ショックを与える「別の」実験に移った。

この第二段階では、協力者の手首を電気ショック発生器につないだ。しっかりつないでから、電気ショックのレベルを変える方法と、どのボタンを押せば痛みを伴うショックを起こせるかを協力者に教えた。最初装置は最低レベルのショックに設定されている。ボタンを押して自分にショックを与えたら、ショックのレベルを一段と高め、またボタンを押してショックを与えるという手順をくり返して、ショックの強さに耐えられなくなったところで教えてほしいと伝えた。

わたしたちは別にサディスティックなことをしたかったのではない。ただ協力者が自分をどれくらいの痛みにまで追いこむのか、彼らが自分に与える痛みのレベルが、実験条件によってどれくらい変わるかを調べたかった。そして最も大事なことに、協力者が罪悪感を伴う過去の経験を思い出させられたことで、より多くの痛みを求めて自分を浄化しようとするのかどうかを知りたかったのだ。結果、「中立」条件と「悲しみ」条件では、自分に与える痛みの程度に差はなく、どちらも低かった。このことから、否定的な感情それ自体は、自分に痛みを与えたいという欲求を生まないことがわかる。しかし、「罪悪感」条件の協力者は、より高いレベルのショックを自分に与えたいという気もちがずっと強かったのだ。

オプス・デイの慣行を支持するような実験は、たしかに悪趣味かもしれない。それでも、自分を鞭打つ痛みを通じた浄化が、わたしたちが罪悪感に対処する基本的な方法をうまく活用しているのかもしれないことを、実験の結果は示唆する。もしかすると自分の間違いに気づき、受け入れ、自分に何らかの肉体的な罰を与えることは、許しを請い、心機一転を図るためのよい方法なのかもしれない。いまのところは、この手法をとり入れるべきだとはまだちょっと言えないが、実験台にしてみたい政治家や企業幹部は、何人か思いつく──単にうまくいくかどうかを試すためにだ。

もっと非宗教的な（そしてもっと優雅な）リセットの実例を、数年前に会議で出会った女性が話してくれた。彼女の姉は南米に住んでいて、ある日メイドが肉を冷凍庫から数日おきにちょっとずつ盗んでいることに気づいたそうだ。姉はあまり気にしなかったが（ときたま夕食をつくるのに肉が足りなくて、いらだたしい思いをすることはあったものの）、何か手を打つ必要があるのは明らかだった。彼女がまずとった対応は、冷凍庫にカギをかけることだった。それからメイドに、使用人のだれかが冷凍庫からときどき肉をくすねているようだから、カギはわたしたち二人だけでもっていることにしましょうと言った。そして新しい責任が加わった分、お給金を少しだけ上げてやった。新しい役割と新しいルール、そして管理強化のおかげで、盗みはやんだという。

このやり方が成功した理由はいくつかあると思う。メイドの盗み癖は、ここまで見てきたごまかしとまったく同じような方法で、だんだんエスカレートしていったものと思われる。たぶん、それは一つの小さな行動から始まったのだろう（「お掃除のついでに、少しだけお肉をいただいちゃいましょう」）。だが一度盗んだことで、くり返し盗むのがずっと簡単になった。姉は冷凍庫にカギをかけ、メイドに新しい責任を担わせることで、メイドに正直レベルをリセットするきっかけを与えた。それにメイドにカギを預けたことも、肉を盗むことに対する彼女の考え方を変え、正直さについての家庭内の社会規範を打ち立てるうえで、重要な要素だったのだろう。そして何より、冷凍庫を開けるのにカギが必要になったことで、ものを盗む行為がより意図的で、計画的な行為になってしまい、自分を正当化するのがとても難しくなった。これはわたしたちの実験で、協力者がカーソルを画面の下までわざわざ動かさなくては解答を見られないしかけにしたときに起きたこととよく似ている（第六章「自分自身を欺く」を参照のこと）。

肝心なのは、このようなしくみの開発、導入を進めれば進めるほど、不正を減らせるということだ。いつも簡単にいくとは限らないが、可能であることは間違いない。

また重要なこととして、好ましくないものごとの終わりを定め、新しいスタートを設ける方法は、社会全体という、より大きな規模でも効果がある。南アフリカの真実和解委員会が、この種のプロセスの好例だ。この法廷に似た委員会のねらいは、それまで圧倒的多数の国民を何十年にもわたって抑圧していたアパルトヘイト政府から、新しいスタートへの、そして民主主義への移行を促すことにあった。好ましくない行動を阻止し、しばし時間をおいて、再出発を促すほかの手段と同様、委員会の目的は報復ではなく、和解にあった。委員会がアパルトヘイト時代のすべての記憶や名残を消し去ったとか、アパルトヘイトほど深い傷跡が忘れ去られるとか、完全に癒えるなどと言う人は、もちろんいないだろう。それでもこの委員会は、問題行動を認め、許しを請うことが、正しい方向に向かう大切な一歩になるという、重要な例であるのは間違いない。

最後になるが、わたしたちが不正について学んだことを、より広い視野に立って検討し、より一般的に合理性と不合理性について何を学べるかを考えることには価値がある。ここまでのいろいろな章で、不正行為を促すとふつう考えられている合理的な力が、実は何の影響もおよぼさないことを見てきた。また不正行為と無関係だと思われている不合理な力が、実際にはそうした行為を促すことがわかった。どの力が作用しているか、どの力が無関係かを見抜けないのは、意思決定や行動経済学の研究に一貫して見られる傾向だ。

この観点からすれば、不正はわたしたちの不合理な傾向の最たるものだ。不正はどこにでも見られるのに、わたしたちは自分がどうやって不正に魔法をかけられるのかを本能的に理解することができず、それに何より、自分が不正をするなどとは思ってもいないのだ。

これらすべてには、よい知らせもある。それは、わたしたちが人間的な弱点（不正を含む）を前に、けっしてなすすべがないわけではないということだ。自分の望ましいとは言えない行動が、本当は何によって引き起こされているのか、それをよりよく理解すれば、自分の行動をコントロールし、結果を改善する方法を見つけられるようになる。これが社会科学の真の目的なのだ。この探求の旅が今後ますます重要に、ますます興味深くなることを、わたしは確信している。

不合理なあなたの
ダン・アリエリー

謝辞

学術研究について執筆するのは充足と刺激が味わえる経験だが、わたしが日々得る楽しみは、すばらしい研究者であり友人である人たちとともに仕事をすること――アイデアを考え出し、実験を設計し、何が有効で何がそうでないかを明らかにし、結果が何を意味するのかを考えること――から生まれる。本書で紹介した研究は、主にわたしの共同研究者の創造力と努力のたまものであり（このあとで、きら星のような同僚たちを紹介する）、彼らと一緒に不正という領域を旅し、この重要で魅力的なテーマについて多少なりとも学べたことをありがたく思っている。

また社会科学者全般の研究者たちにも感謝申しあげたい。社会科学の世界は、刺激的な場だ。絶えず新しいアイデアが生まれ、データが収集され、理論が修正されている（ほかより頻繁に修正されるものもある）。研究仲間からは日々新しいことを学ばせてもらい、自分がどれだけものを知らないかを、いつも思い知らされている（参考文献と関連文献の一部を、巻末に載せておく）。

この本はわたしにとっては三冊めだから、もう手慣れたものだと思われるかもしれない。だが現実には、たくさんの人の助けを借りなければ、一人では大したことができないのだ。執筆を手伝ってくれたエリン・アリンガム、わたしの目を開かせてくれたブロンウィン・フライアー、執筆のプロセスを編集者にはまれな優雅さとユーモアをもってとりしきってくれたクレア・ワクテル、刺激剤、精神安定剤の代わりをしてくれたエリザベス・ペレーラとキャサリン・ベイトナーには深く感謝している。リバイン・グリーンバーグ・リテラリー・エージェンシーのみなさんは、いつもそばにいて、陰になり日向になり支えてくれた。アリーン・グリュンアイゼンはたくさんの助言をしてくれ、そのなかには洞察に優れたものも、くすっと笑ってしまうものもあった。アニア・ジャクベク、ソフィア・クイ、ケイシー・キンザーにも感謝している。またわたしの外付けメモリとなり、手となり、分身として活躍してくれたミーガン・ホガティには、とくにありがとうと言いたい。

最後に、最愛の妻スミへ。きみがいなかったら、わたしはどうなってしまうのだろう？　わたしと人生をともにしてくれるなんて、本当に特別な人でないとできないことだ。しかもわたしの多忙な生活と仕事中毒のせいで、ますます大変な日々になってしまっている。スミ、今夜家に帰ったら箱を屋根裏に移すよ。いやほんと言うと、たぶん帰りが遅くなるから、明日やるよ。まあ、週末には必ずやるって。約束だ。

愛をこめて
ダン

共同研究者

アリーン・グリュンアイゼン（Aline Grüneisen）

アリーンはわたしがデューク大学に移ってから間もなく、わたしの研究チームに加わってくれ、以来ずっと大きなエネルギーと刺激を与えてくれている。アリーンがこれを諾ったかどうかはわからないが、わたしは年を追うごとにますます彼女なしではいられなくなっている。アリーンとはこれまで幅広い問題にとりくんできたが、そのすべてに共通するテーマは、画期的で楽しいということだ。アリーンは現在デューク大学先進後知恵研究センターの首席研究員を務めてくれているが、これからも末永く一緒に研究できたらと思っている。

アイェレット・ニージー（Ayelet Gneezy）

アイェレットに会ったのは何年も前、共通の友人が企画したピクニックでのことだ。初対面の印象もとてもよかったが、時とともにますます彼女のよさがわかるようになった。アイェレットは人間としても、友人としても、すばらしい人だ。なのに、わたしたちが共同研究に選んだテーマが不信と報復だったのは、何だかおかしな気がする。何がきっかけでこうしたテーマを研究しようと思い立ったのかはさておき、この研究は結果的に、学問のうえでも私生活でも、とても役に立った。アイェレットは現在、カリフォルニア大学サンディエゴ校で助教を務めている。

デイビッド・ピザロ（David Pizarro）

デイビッドとの出会いは、スタンフォード大学の夏の合宿だった。デイビッドとはオフィスが壁一つ隔てた隣同士で、あのとき初めてラップ音楽というものの洗礼を受けた。数週間もするとラップが好きになり、デイビッドは親切にも音楽コレクションを貸してくれた（これがどれだけ合法的なのかはわからないが）。いつの間にかデイビッドと過ごすことが多くなったが、いつもたくさんのことを教わり、元気をもらっているので、もっと一緒に過ごせたらどんなにいいだろうと思っている。デイビッドは現在コーネル大学で准教授を務めている。

エイナフ・マハラバニ（Eynav Maharabani）

エイナフに会ったのは、イスラエルを訪れたときのことだ。当時彼女は大学院生で、ラチェリ・バーカンと共同研究を始めたばかりだった。出会った瞬間から、エイナフの知性と礼儀正しさ、芯の強さには感銘を受けた。彼女が共同研究者としてもすばらしいのは、このような資質をあわせもっているからこそだ。エイナフは現在アビリティーズ・ソリューションという、障害をもった人たちをハイテク企業に派遣するユニークな企業に勤めている。

フランチェスカ・ジーノ（Francesca Gino）

フランチェスカは思いやりと気遣い、知識、創造性、スタイルをあわせもつ、希有な存在だ。尽きることのないエネルギーと熱意のもち主で、ふつうの人が一生かかって行なう分量のプロジェクトにつねに関わっている。フランチェスカはイタリア人だから、食事とワインを楽しむ相手としても最高だ。彼女がノースカロライナからボストンに引っ越すことになって、本当に残念だった。フランチェスカは現在ハーバード大学で准教授を務めている。

ジャネット・シュワルツ（Janet Schwartz）

ジャネットを先進後知恵研究センターで数年間過ごしてくれるよう口説き落とせたのは、とてもラッキーなことだった。ジャネットはとくに医療にかかわる不合理（実にたくさんあるのだ）に関心があり、これまで食事やダイエット、助言、利益相反、セカンドオピニオン、長い目で見て健康によい行動を促すためのさまざまな方法などについて、一緒に研究してきた。ジャネットは身の周りの世界に対して、とても鋭い観察眼をもっていて、いつも自分や周りの人たちのことをおもしろおかしく語ってくれる、話し上手な人だ。ジャネットは現在チューレーン大学の助教だが、心はまだセンターにある。

リサ・シュー（Lisa Shu）

リサは聡明なだけでなく、一緒にいて楽しい相手だ。おいしい食べものや優れた研究アイデア、ファッションに目が利くので、共同研究者としてうってつけなのはもちろん、買いものに一緒に行く相手としても最高だ。リサは倫理的行動に関する研究のほか、交渉にも関心をもっている。リサと個人的に交渉したことはないのだが、もし交渉するようなことがあったら、わたしが完敗するにきまっている。リサは現在ハーバード大学博士課程の学生だ。

メアリー＝フランシス・ルーチェ（Mary Frances Luce）

メアリー＝フランシスは、デューク大学博士課程での数年先輩で、またわたしより数年早くデュークに教職員として戻ってきた。そんなわけでいつも相談相手になってくれ、親身になって助けてくれる。彼女は数年前学部長室付きになったのだが、わたしのためにも、大学のためにも、それだけは真似するまいと心にきめている。メアリー＝フランシスは現在デューク大学教授だ。

モーリス・シュバイツァー（Maurice Schweitzer）

モーリスは身の周りのあらゆることに関心をもち、いつも大きな笑顔と大いなる好奇心をもって新しいプロジェクトにとりくんでいる。ずっと前、スカッシュが得意だと聞いた。本当のところはどれだけうまいのか、確かめたいとかねがね思っているのだが、わたしよりずっとうまいことがわかると困る。またモーリスは、仕事や家庭、人生について、いつもすばらしい知恵を授けてくれる。モーリスは現在ペンシルベニア大学教授を務めている。

マックス・ベイザーマン（Max Bazerman）

マックスは研究や政治、プライベートで起きるどんな問題についても、本質を見抜く力をもっている。それにいつもびっくりするような、おもしろいことを言う。彼の教え子は、「マックスならどうするだろう」と自問することをとおして、悩みを解決し、決断を下しているそうだ。これを知って、わたしも実際に何度か試してみたから、有効だと太鼓判を押せる。マックスは現在ハーバード大学で教授を務めている。

マイケル・ノートン（Michael Norton）

マイクは才気と謙遜、そして皮肉っぽいユーモアのセンスをあわせもつという、興味深い性格をしている。独特の人生観をもっていて、ほとんどどんな問題にも興味をもっている。マイクはアイデアの共鳴板としてもすばらしく、いつも奇抜で思いもよらない、洞察に満ちた、建設的な意見をくれる。わたしは研究プロジェクトを、よく旅行のようなものと考えるのだが、マイクと一緒にいるおかげで、ほかの人とは絶対にできないような冒険ができる。マイクは現在、ハーバード大学で准教授を務めている。

ニコール・ミード（Nicole Mead）

ニコールには、彼女がフロリダ州立大学の大学院生だったときに出会った。講義のあとで夜遅かったから、ちょっと飲み過ぎてしまった。そのとき二人で出し合ったアイデアがすばらしく思えたのだが、ふとニコールに尋ねた。これは本当にいいアイデアなのだろうか、それとも酒のせいでそう思えるだけなのだろうかと。ニコールは酒のせいではないと請け合ってくれ、それはほぼ正しかったようだ。ニコールはその後もいいアイデアをたくさん出してくれている。彼女は現在はポルトガルのカトリカ＝リスボン・ビジネススクールで助教を務めている。

ニーナ・メイザー（Nina Mazar）

ニーナはもともと、自分の研究のために意見をもらう目的で、ほんの数日のつもりでMITに来たのだが、結局五年も滞在することになった。その間、一緒に研究を楽しんだし、とても世話になった。どんな妨げにも負けず、大変な仕事にも喜んでとりくもうとする、その姿勢に助けられて、インドの農村地域でとくに難しい実験を一緒に行なうことができた。どうかMITを離れる決心をしないでほしいと、ずっと願い続けていたが、悲しいかな、その時が来てしまった。彼女は現在、トロント大学で助教を務めている。そしてもう一つの現実世界では、イタリアのミラノで、高級ファッションデザイナーをしている。

オン・アミア（On Amir）

オンは、わたしがMITに新しい教授として入った翌年、博士課程の学生として入学し、「わたしの」学生第一号になってくれた。その意味で、わたしが学生に何を期待すべきか、教授と学生の関係をどのようにとらえるべきかを考えるうえで、彼の存在はとても大きかった。オンは並外れて聡明なだけでなく、驚くべき技術をいろいろもっている。知らないことでも一日、二日あればすぐに覚えてしまう。オンと仕事をし、一緒に時間を過ごすのは、いつもとても刺激的だ。オンは現在カリフォルニア大学サンディエゴ校の准教授を務めている。

ラチェリ・バーカン（Racheli Barkan）

ラチェリ（レイチェル）とはずいぶん前、二人がまだ大学院生だったころ、友人になった。長いつき合いのなかで、研究プロジェクトを始めようという話は、それまでもいろいろあったが、本気でとりくみ始めたのは、彼女が一年間の予定でデューク大学にやって来たときだ。そして考えを行動に移すうえで、コーヒーが重要な要素だとわかった。彼女がここにいた間、ほんとに楽しかったし、いろんなプロジェクトを大いに進めることができた。ラチェリは信じられないほど博識で、聡明で、洞察力に富む人だから、できるならもっと一緒に過ごしたかった。ラチェリは現在、イスラエルのネゲブ・ベングリオン大学で上級講師を務めている。

ロイ・バウマイスター（Roy Baumeister）

ロイは哲学者、音楽家、詩人であり、人間の営みの鋭い観察者でもある。ロイの関心はあらゆる方面におよび、彼の見解は最初は不可解に思われることも多いが、あとになってそこに潜む知恵に気がつき、結局はじっくり考えさせられる。そしてその結果、とり入れることも多い。ロイは旅行と冒険の相手としてもうってつけだ。現在彼はフロリダ州立大学で教授を務めている。

スコット・マッケンジー（Scott McKenzie）

スコットはデューク大学の熱心な学生だった時分、先進後知恵研究センターに加わってくれた。彼はとても社交的で、自分のやってほしいことを人にやってもらう、生まれながらの才能をもっている。わたしたちの研究にも、そんなふうにして加わってくれた。スコットが自分自身の研究プロジェクトのために選んだテーマは、ゴルフでのごまかしで、彼の研究をとおして、わたしもこの崇高なゲームについてたくさんのことを学ばせてもらった。スコットは現在コンサルティング業界で活躍している。

シャハール・アヤール（Shahar Ayal）

シャハールには最初共通の友人をとおして紹介され、その後彼がわたしの友人の指導の下で博士課程の研究をしていたときに再会した。そういう縁で、シャハールの卒業後、わたしたちのプライベートとキャリアの道が合流し、彼は先進後知恵研究センターに博士研究員として数年滞在してくれることになった。長いつき合いの中で、わたしたちはお互いを深く理解するようになり、考え方がますます似てきた（主によい方にだが）。シャハールは一緒に過ごす相手としても、本当に楽しい人で、これからもずっと一緒に研究できたらと思っている。研究仲間としても、シャハールは現在イスラエルのヘルツリヤ学際センターの助教を務めている。

トム・ギロビッチ（Tom Gilovich）

わたしは博士課程の学生だったとき、トムの研究発表を聞いて、緻密な思考と創造性の高さに舌を巻いた。トムは重要な疑問を提起し、驚くような場所に答えを見つけるという、特異な才能に恵まれている。たとえば、黒いユニフォームのチームはそうでないチームよりもペナルティを受ける確率が高いこと、バスケットボールには実は「ホットハンド」［一度シュートをきめると、その後も波に乗ってシュート成功率が高くなる現象］なるものは存在しないこと、NBA選手はペナルティに値しないと内心思っているときにはフリースローをミスする確率が高いことなどを立証している。わたしはかねがねトムのような人間になりたいと思ってきた。トムは現在コーネル大学教授を務めている。

ヨエル・インバー（Yoel Inbar）

ヨエルに初めて会ったのは、彼がトム・ギロビッチとデイビッド・ピザロの教え子だったときで、その縁で一緒に研究をするようになった。ヨエルは現代のヒップスター［ヒッピーの前身］を絵に描いたような人物で、クール半分オタク半分でインディーロックバンド（あなたが聞いたこともないようなバンドだ）とＵＮＩＸに造詣が深い。ヨエルの関心の一つ、人を不快にさせる興味深い方法を探すことにかけては、彼の右に出る者はいない（おならスプレー、便の形をしたチョコレート、ゲテモノ食いなど）。ヨエルは現在オランダのティルブルフ大学で助教を務めている。

ゾーイ・チャンス（Zoë Chance）

ゾーイは創造力と優しさのかたまりだ。彼女と話をするのは、遊園地にいる感じにちょっと似ている。わくわくして、楽しくなることはわかっているのだが、彼女の意見がどんな方向に向かうかは、ちょっと予測がつかないのだ。生への執着と博愛をあわせもつ彼女は、研究者と友人がすばらしく融合した存在だ。ゾーイは現在イェール大学で博士研究員をしている。

訳者あとがき

本書『ずる——嘘とごまかしの行動経済学』（原題 *The (Honest) Truth About Dishonesty: How We Lie to Everyone—Especially Ourselves*）は、デューク大学教授で気鋭の行動経済学者、ダン・アリエリーの三作めになる。人間の不合理性全般をとりあげた、ユーモラスな前二作とはうって変わって、今作では「不正」という重いテーマに意欲的に切りこんでいる。ここ数年、経済社会の根幹をゆるがすような不祥事や事件が相次いだことが、人間のずるい側面に目を向けるきっかけになったという。

本書で「つじつま合わせ係数」と訳した fudge factor とは、科学で理論値と観測値の間にズレが見られるとき、つじつまを合わせるために導入される、補正項のことだ。よく知られた例として、かのアインシュタインも、宇宙が静的なものだという仮定を守るために、宇宙定数λ（ラムダ）なるものを一般相対性理論の方程式に加えている。

これと同じでわたしたち人間は、一方では正直でありたいと思いながら、その一方でずるをしてトクをしたいとも考える。そのせいで、「正直な人間」という自己イメージと実際の行動との間に、ズレが生じることがある。わたしたちはそんなとき、驚くような柔軟性を発揮して、「つじつま合わせ係数」の大きさを自在に変えることで、ズレを解消しようとする――これがアリエリー教授の仮説だ。係数はどんなときに大きくなる（ずるをしやすくなる）のか、小さくなる（ずるをしにくくなる）のか。例によってユニークでおもしろい（ときにショッキングな）実験の数々をとおして、それを明らかにしていく。

実験に協力した優秀でまっとうな学生たちが、機会を与えられればいとも簡単にずるをしてしまうことには驚かされる。つまり、わたしやあなたを含むだれもにとって、ずるやごまかしをする方があたりまえなのかもしれない。正しいことをするには、エネルギーや意志力が必要なのだ。

アリエリー教授がめざすのは、行動経済学を通じて世のなかをよりよい場所にすることだ。このために講義や研究を精力的にこなしながら、世界各地を講演して回り、論客としてメディアにしょっちゅう登場し、ウォールストリート・ジャーナルでは人生相談まで担当するという活躍ぶりだ。

最後に、前作に続き、心から楽しめる素敵な本を訳す機会を与えてくださり、きめ細やかなご助言とご配慮をいただいた、早川書房編集部の東方綾さんに感謝申しあげる。

＊

本書は二〇一二年一二月に早川書房から刊行されたが、このたびハヤカワ・ノンフィクション文庫として再刊行されることになった。文庫化にあたっては、旧訳をほぼ踏襲したが、気になった点について若干修正を加え、さらに読みやすくした。また本書のデータは特に注記がない限り、原書刊行時のものである。

単行本刊行後、アリエリー教授は日本でもメディアの取材が増え、二〇一四年四月にはNHK・Eテレで『お金と感情と意思決定の白熱教室〜楽しい行動経済学の世界〜』として、六回の集中講義が放映され、その楽しいキャラクターでますます人気を博している。

文庫化の編集作業でお力添えを頂いた、早川書房編集部の坂口玲実氏、有岡三恵氏に感謝したい。

原 注

1. Ira Glass, "See No Evil," *This American Life*, National Public Radio, April 1, 2011.
2. "Las Vegas Cab Drivers Say They're Driven to Cheat," *Las Vegas Sun*, January 31,2011,www.lasvegassun.com/news/2011/jan/31/driven-cheat/.
3. A. Wazana, "Physicians and the Pharmaceutical Industry: Is a Gift Ever Just a Gift?" *Journal of the American Medical Association* (2000).
4. Duff Wilson, "Harvard Medical School in Ethics Quandary," *The New York Times*, March 2, 2009.
5. K. J. Winstein, "Inflated Credentials Surface in Executive Suite," *The Wall Street Journal*, November 13, 2008.
6. Anne Morse, "Whistling Dixie," *The Weekly Standard* (blog),November 10, 2005.
7. Geoff Baker, "Mark McGwire Admits to Steroids Use: Hall of Fame Voting Becoming a Pain in the Exact Place He Used to Put the Needle," http://seattletimes.nwsource.com/html/marinersblog/2010767251_mark_mcgwire_admits_to_steroid.html.
8. Steve Henn, "Oh, Waiter! Charge It to My PAC," *Marketplace*, July 21, 2008, and "PACs Put the Fun in Fundraising," *Marketplace*, July 22, 2008.
9. Steve Henn, "PACs Put the Fun in Fundraising," *Marketplace*, July 22, 2008.
10. Dennis J. Devine, Laura D. Clayton, Jennifer L. Philips, Benjamin B. Dunford, and Sarah P. Melner, "Teams in Organizations, Prevalence, Characteristics, and Effectiveness," *Small Group Research* (1999).

    John Gordon, "Work Teams: How Far Have They Come?" *Training*

(1992).

Gerald E. Ledford, Jr., Edward E. Lawler III, and Susan A. Mohrman, "Reward Innovations in Fortune 1000 Companies," *Compensation & Benefits Review* (1995).

Susan A. Mohrman, Susan G. Cohen, and Allan M. Mohrman, Jr., *Designing Team-Based Organizations: New Forms for Knowledge Work* (San Francisco: Jossey-Bass, 1995).

Greg L. Stewart, Charles C. Manz, and Henry P. Sims, *Team Work and Group Dynamics* (New York: Wiley,1999).

11. Bernard Nijstad, Wolfgang Stroebe, and Hein F. M. Lodewijkx, "The Illusion of Group Productivity: A Reduction of Failures Explanation," *European Journal of Social Psychology* (2006).
12. ADA Council on Scientific Affairs, "Direct and Indirect Restorative Materials," *The Journal of the American Dental Association* (2003).
13. *Montpelier* [Vermont] *Argus & Patriot*, March 6, 1873.

参考文献と関連文献

序章

もとになった文献

Tim Harford, *The Logic of Life: The Rational Economics of an Irrational World* (New York: Random House, 2008). ［邦訳はティム・ハーフォード『人は意外に合理的——新しい経済学で日常生活を読み解く』遠藤真美訳、ランダムハウス講談社］

第1章

もとになった文献

Jerome K. Jerome, *Three Men in a Boat (to Say Nothing of the Dog)* (1889; reprint, New York: Tom Doherty Associates, 2001). ［邦訳はジェローム・K・ジェローム『ボートの三人男』丸谷才一訳、中央公論新社など］

Jeff Kreisler, *Get Rich Cheating: The Crooked Path to Easy Street* (New York: HarperCollins, 2009).

Eynav Maharabani, "Honesty and Helping Behavior: Testing Situations Involving Temptation to Cheat a Blind Person," master's thesis, Ben-Gurion University of the Negev, Israel (2007).

Nina Mazar, On Amir, and Dan Ariely, "The Dishonesty of Honest People: A Theory of Self-concept Maintenance," *Journal of Marketing Research* (2008).

Nina Mazar and Dan Ariely, "Dishonesty in Everyday Life and Its Policy Implications," *Journal of Public Policy and Marketing* (2006).

第2章

もとになった文献

Nina Mazar, On Amir, and Dan Ariely, "The Dishonesty of Honest

People: A Theory of Self-concept Maintenance," *Journal of Marketing Research* (2008).

Lisa Shu, Nina Mazar, Francesca Gino, Max Bazerman, and Dan Ariely, "When to Sign on the Dotted Line? Signing First Makes Ethics Salient and Decreases Dishonest Self-Reports," working paper, Harvard Business School NOM Unit (2011).

関連文献

Jason Dana, Roberto A. Weber, and Jason Xi Kuang, "Exploiting Moral Wiggle Room: Behavior Inconsistent with a Preference for Fair Outcomes," *Economic Theory* (2007).

Christopher K. Hsee, "Elastic Justification: How Tempting but Task-Irrelevant Factors Influence Decisions," *Organizational Behavior and Human Decision Processes* (1995).

Christopher K. Hsee, "Elastic Justification: How Unjustifiable Factors Influence Judgments," *Organizational Behavior and Human Decision Processes* (1996).

Maurice Schweitzer and Chris Hsee, "Stretching the Truth: Elastic Justification and Motivated Communication of Uncertain Information," *The Journal of Risk and Uncertainty* (2002).

第２B章

関連文献

Robert L. Goldstone and Calvin Chin, "Dishonesty in Self-report of Copies Made—Moral Relativity and the Copy Machine," *Basic and Applied Social Psychology* (1993).

Robert A. Wicklund, "The Influence of Self-awareness on Human Behavior," *American Scientist* (1979).

第３章

もとになった文献

Daylian M. Cain, George Loewenstein, and Don A. Moore, "The Dirt on Coming Clean: The Perverse Effects of Disclosing Conflicts of Interest," *Journal of Legal Studies* (2005).

Ann Harvey, Ulrich Kirk, George H. Denfield, and P. Read Montague,

"Monetary Favors and Their Influence on Neural Responses and Revealed Preference," *The Journal of Neuroscience* (2010).

関連文献

James Bader and Daniel Shugars, "Agreement Among Dentists' Recommendations for Restorative Treatment," *Journal of Dental Research* (1993).

Max H. Bazerman and George Loewenstein, "Taking the Bias Out of Bean Counting," *Harvard Business Review* (2001).

Max H. Bazerman, George Loewenstein, and Don A. Moore, "Why Good Accountants Do Bad Audits: The Real Problem Isn't Conscious Corruption. It's Unconscious Bias," *Harvard Business Review* (2002).

Daylian M. Cain, George Loewenstein, and Don A. Moore, "When Sunlight Fails to Disinfect: Understanding the Perverse Effects of Disclosing Conflicts of Interest," *Journal of Consumer Research* (in press).

Carl Elliot, *White Coat, Black Hat: Adventures on the Dark Side of Medicine* (Boston: Beacon Press, 2010).

第4章

もとになった文献

Mike Adams, "The Dead Grandmother/Exam Syndrome and the Potential Downfall of American Society," *The Connecticut Review* (1990).

Shai Danziger, Jonathan Levav, and Liora Avnaim-Pesso, "Extraneous Factors in Judicial Decisions," *Proceedings of the National Academy of Sciences of the United States of America* (2011).

Nicole L. Mead, Roy F. Baumeister, Francesca Gino, Maurice E. Schweitzer, and Dan Ariely, "Too Tired to Tell the Truth: Self-Control Resource Depletion and Dishonesty," *Journal of Experimental Social Psychology* (2009).

Emre Ozdenoren, Stephen W. Salant, and Dan Silverman, "Willpower and the Optimal Control of Visceral Urges," *Journal of the European Economic Association* (2011).

Baba Shiv and Alexander Fedorikhin, "Heart and Mind in Conflict: The

Interplay of Affect and Cognition in Consumer Decision Making," *The Journal of Consumer Research* (1999).

関連文献

Roy F. Baumeister and John Tierney, *Willpower: Rediscovering the Greatest Human Strength* (New York: The Penguin Press, 2011). [邦訳はロイ・バウマイスター、ジョン・ティアニー『WILLPOWER 意思力の科学』渡会圭子訳、インターシフト]

Roy F. Baumeister, Kathleen D. Vohs, and Dianne M. Tice, "The Strength Model of Self-control," *Current Directions in Psychological Science* (2007).

Francesca Gino, Maurice E. Schweitzer, Nicole L. Mead, and Dan Ariely, "Unable to Resist Temptation: How Self-Control Depletion Promotes Unethical Behavior," *Organizational Behavior and Human Decision Processes* (2011).

C. Peter Herman and Janet Polivy, "A Boundary Model for the Regulation of Eating," *Research Publications—Association for Research in Nervous and Mental Disease* (1984).

Walter Mischel and Ozlem Ayduk, "Willpower in a Cognitive-Affective Processing System: The Dynamics of Delay of Gratification," in *Handbook of Self-regulation: Research, Theory, and Applications*, edited by Kathleen D. Vohs and Roy F. Baumeister (New York: Guilford, 2011).

Janet Polivy and C. Peter Herman, "Dieting and Binging, A Causal Analysis," *American Psychologist* (1985).

第5章

もとになった文献

Francesca Gino, Michael I. Norton, and Dan Ariely, "The Counterfeit Self: The Deceptive Costs of Faking It," *Psychological Science* (2010).

関連文献

Dan Ariely and Michael L. Norton, "How Actions Create—Not Just Reveal—Preferences," *Trends in Cognitive Sciences* (2008).

Roy F. Baumeister, Kathleen D. Vohs, and Dianne M. Tice, "The Strength Model of Self-control," *Current Directions in Psychological*

Science (2007).
C. Peter Herman and Deborah Mack, "Restrained and Unrestrained Eating," *Journal of Personality* (1975).

第6章

もとになった文献

Zoë Chance, Michael I. Norton, Francesca Gino, and Dan Ariely, "A Temporal View of the Costs and Benefits of Self-Deception," *Proceedings of the National Academy of Sciences* (2011).

関連文献

Ziva Kunda, "The Case for Motivated Reasoning," *Psychological Bulletin* (1990).
Danica Mijović-Prelec and Dražen Prelec, "Self-deception as Self-Signalling: A Model and Experimental Evidence," *Philosophical Transactions of the Royal Society* (2010).
Robert Trivers, "The Elements of a Scientific Theory of Self-Deception," *Annals of the New York Academy of Sciences* (2000).

第7章

もとになった文献

Edward J. Balleisen, "Suckers, Swindlers, and an Ambivalent State: A History of Business Fraud in America," manuscript.
Shane Frederick, "Cognitive Reflection and Decision Making," *Journal of Economic Perspectives* (2005).
Michael S. Gazzaniga, "Consciousness and the Cerebral Hemispheres," in *The Cognitive Neurosciences*, edited by Michael S. Gazzaniga (Cambridge, Mass.: MIT Press,1995).
Francesca Gino and Dan Ariely, "The Dark Side of Creativity: Original Thinkers Can Be More Dishonest," *Journal of Personality and Social Psychology* (2011).
Ayelet Gneezy and Dan Ariely, "Don't Get Mad, Get Even: On Consumers' Revenge," working paper, Duke University (2010).
Richard Nisbett and Timothy DeCamp Wilson, "Telling More Than We Can Know: Verbal Reports on Mental Processes," *Psychological*

Review (1977).

Yaling Yang, Adrian Raine, Todd Lencz, Susan Bihrle, Lori Lacasse, and Patrick Colletti, "Prefrontal White Matter in Pathological Liars," *The British Journal of Psychiatry* (2005).

関連文献

Jesse Preston and Daniel M. Wegner, "The Eureka Error: Inadvertent Plagiarism by Misattributions of Effort," *Journal of Personality and Social Psychology* (2007).

第8章

もとになった文献

Nicholas A. Christakis and James H. Fowler, *Connected: The Surprising Power of Our Social Networks and How They Shape Our Lives* (New York: Little,Brown, 2009). ［邦訳はニコラス・A・クリスタキス&ジェイムズ・H・ファウラー『つながり――社会的ネットワークの驚くべき力』鬼澤忍訳、講談社］

Robert B. Cialdini, *Influence: The Psychology of Persuasion* (New York: William Morrow,1993). ［邦訳はロバート・B・チャルディーニ『影響力の武器――なぜ、人は動かされるのか』社会行動研究会訳、誠信書房］

Francesca Gino, Shahar Ayal, and Dan Ariely, "Contagion and Differentiation in Unethical Behavior: The Effect of One Bad Apple on the Barrel," *Psychological Science* (2009).

George L. Kelling and James Q. Wilson, "Broken Windows: The Police and Neighborhood Safety," *The Atlantic* (March 1982).

Nina Mazar, Kristina Shampanier, and Dan Ariely, "Probabilistic Price Promotions—When Retailing and Las Vegas Meet," working paper, Rotman School of Management, University of Toronto (2011).

関連文献

Ido Erev, Paul Ingram, Ornit Raz, and Dror Shany, "Continuous Punishment and the Potential of Gentle Rule Enforcement," *Behavioural Processes* (2010).

第9章

もとになった文献

Melissa Bateson, Daniel Nettle, and Gilbert Roberts, "Cues of Being Watched Enhance Cooperation in a Real-World Setting," *Biology Letters* (2006).

Francesca Gino, Shahar Ayal, and Dan Ariely, "Out of Sight, Ethically Fine? The Effects of Collaborative Work on Individuals' Dishonesty," working paper (2009).

Janet Schwartz, Mary Frances Luce, and Dan Ariely, "Are Consumers Too Trusting? The Effects of Relationships with Expert Advisers," *Journal of Marketing Research* (2011).

関連文献

Francesca Gino and Lamar Pierce, "Dishonesty in the Name of Equity," *Psychological Science* (2009).

Uri Gneezy, "Deception: The Role of Consequences," *American Economic Review* (2005).

Nina Mazar and Pankaj Aggarwal, "Greasing the Palm: Can Collectivism Promote Bribery?" *Psychological Science* (2011).

Scott S. Wiltermuth, "Cheating More When the Spoils Are Split," *Organizational Behavior and Human Decision Processes* (2011).

第10章

もとになった文献

Rachel Barkan and Dan Ariely, "Worse and Worst: Daily Dishonesty of Business-men and Politicians," working paper, Ben-Gurion University of the Negev, Israel (2008).

Yoel Inbar, David Pizarro, Thomas Gilovich, and Dan Ariely, "Moral Masochism: Guilt Causes Physical Self-punishment," working paper (2009).

Azim Shariff and Ara Norenzayan, "Mean Gods Make Good People: Different Views of God Predict Cheating Behavior," *International Journal for the Psychology of Religion* (2011).

関連文献

Keri L. Kettle and Gerald Häubl, "The Signature Effect: How Signing One's Name Influences Consumption-Related Behavior by Priming

Self-Identity," *Journal of Consumer Research* (2011).
Deepak Malhotra, "(When) Are Religious People Nicer? Religious Salience and the 'Sunday Effect' on Pro-Social Behavior," *Judgment and Decision Making* (2010).

本書は、二〇一二年十二月に早川書房より単行本
として刊行された作品を文庫化したものです。

ファスト&スロー（上・下）

——あなたの意思はどのように決まるか？

Thinking, Fast and Slow
ダニエル・カーネマン
村井章子 訳
友野典男 解説
ハヤカワ文庫NF

心理学者にしてノーベル経済学賞に輝くカーネマンの代表的著作！

直感的、感情的な「速い思考」と意識的、論理的な「遅い思考」の比喩を使いながら、人間の「意思決定」の仕組みを解き明かす。私たちの意思はどれほど「認知的錯覚」の影響を受けるのか？　あなたの人間観、世界観を一変させる傑作ノンフィクション。

ハーバード白熱教室講義録
＋東大特別授業（上下）

マイケル・サンデル
NHK「ハーバード白熱教室」制作チーム、小林正弥、杉田晶子訳

NHKで放送された人気講義を完全収録！

正しい殺人はあるのか？　米国大統領は日本への原爆投下を謝罪すべきか？　日常に潜む哲学の問いを鮮やかに探り出し論じる名門大学屈指の人気講義を書籍化。NHKで放送された「ハーバード白熱教室」全12回、及び東京大学での来日特別授業を上下巻に収録。

訳者略歴　翻訳家　京都大学経済学部卒　オックスフォード大学院で経営学・哲学修士号を取得　訳書にフリードマン『100年予測』，アリエリー『不合理だからうまくいく』（以上早川書房刊），アイエンガー『選択の科学』，クリステンセン他『イノベーション・オブ・ライフ』，シュミット他『第五の権力』など多数

HM=Hayakawa Mystery
SF=Science Fiction
JA=Japanese Author
NV=Novel
NF=Nonfiction
FT=Fantasy

ずる
嘘とごまかしの行動経済学

〈NF415〉

二〇一四年九月　十五　日　発行
二〇一七年六月二十五日　二刷

（定価はカバーに表示してあります）

著者　ダン・アリエリー
訳者　櫻《さくら》井《い》祐《ゆう》子《こ》
発行者　早川浩
発行所　株式会社　早川書房
郵便番号　一〇一 - 〇〇四六
東京都千代田区神田多町二ノ二
電話　〇三 - 三二五二 - 三一一一（大代表）
振替　〇〇一六〇 - 三 - 四七七九九
http://www.hayakawa-online.co.jp

乱丁・落丁本は小社制作部宛お送り下さい。
送料小社負担にてお取りかえいたします。

印刷・株式会社亨有堂印刷所　製本・株式会社川島製本所
Printed and bound in Japan
ISBN978-4-15-050415-1 C0133